Inhaltsverzeichnis

Vorwort 2

Lehrerhinweise 4

Hinweise und Tipps zum Einsatz der Materialien im Unterricht 5

Kapitel 1 8

Kapitel 2 19

Kapitel 3 30

Kapitel 4 41

Kapitel 5 52

Kapitel 6 63

Kapitel 7 74

Kapitel 8 85

Lösungen 98

Motivationskärtchen 101

Urkunde 104

Vorwort

Liebe Kollegin, lieber Kollege,

um es gleich zu sagen: „FRESCH für den Anfangsunterricht" ist kein Unterrichtswerk zum Lesenlernen, und es ersetzt im Anfangsunterricht nicht ohne Weiteres die Fibel. Vielmehr baut es auf der Kenntnis der Buchstaben auf und hilft, diese zu üben und zu sichern. Konzipiert wurde es für Kinder, die sich beim Lesen- und Schreibenlernen schwertun oder für Kinder, die Sprache fremd und wenig attraktiv finden oder keinen Zugang zur Magie der Wörter entdecken können. „FRESCH für den Anfangsunterricht" arbeitet nicht in erster Linie mit den Buchstaben, sondern mit der Silbe, dieser genialen Einheit, die unserer Sprache den zauberhaften Rhythmus verleiht. Das „e" bekommt z.B. seinen Klang, seine Farbe, seine Bedeutung im Silbenrhythmus:

E wie **E**sel, **E**ngel, **E**lbe,
Elch und **E**i –
doch nur das G**e**lb**e**.

Oder hören wir, wie das „s" seinen spezifischen Klang entfaltet:

Das **S** war **s**ehr **s**anft
und hatte nie Zoff.
E**s** trug nur Kleider
au**s** **S**eidenstoff.

Dabei ist die Silbe keineswegs zügellos oder unberechenbar, was den Kindern sonst den Umgang mit ihr erschweren würde. Die Silbe folgt Regeln, die Kinder entdecken können, und diese Regeln erleichtern wiederum das Lesen und Schreiben. In zweisilbigen Wörtern ist in einem deutschen Wort immer die 1. Silbe die betonte und die 2. Silbe die unbetonte:

Bü *cher* le *sen* musst du wa *gen* –
sie wer *den* dich in fer *ne* Wel *ten* tra *gen*.

So kann das Kind hier schon die Regel erkennen, dass in der 2. unbetonten Silbe immer ein „e" erscheint. Das ist eine wichtige Erkenntnis, vor allem fürs Schreiben. Wir nutzen den Silbenrhythmus auch für die Bewegung, denn wenn wir unseren Körper durch Silbenschwingen in Bewegung setzen, gerät auch unser Geist in Bewegung, und das wiederum heißt:

Leichter lernen – besser merken – gut vernetzen – Neues erkennen!

Wir würden „FRESCH für den Anfangsunterricht" nicht gerecht werden, wollten wir es nur als „Entwicklungshilfe" für die schwierigen Schreib- und Lese-Kinder einsetzen. Es ist für alle Kinder im

1./2. Schuljahr konzipiert und führt vom Sprachvergnügen zur Sprachkompetenz. Das Werk ist in 4 Bausteine gegliedert, die in ihrer Schwierigkeit ansteigen:

Baustein A ist eine **Vorlesegeschichte** in Fortsetzungen. Erzählt werden die Abenteuer der verschmitzten kleinen Gespenster Kinkerlitz und Watteweich, deren Streiche alle Bewohner von Schloss Quaddelburg in Atem halten. Und da sie selbst als Gespensterschüler „die Schulbank" drücken, können sich die Kinder gut mit ihnen identifizieren. Vorlesegeschichten motivieren zum Selberlesen, regen zum Fragen, Erzählen und Fantasieren an und unterstützen so ganz nebenbei die Wortschatzarbeit. Zudem schulen sie die Ausdrucksfähigkeit, trainieren die Wahrnehmung und beflügeln die Kreativität. Und schlussendlich ist Vorlesen verlockend – motiviert es doch die Kinder dazu, sich diese Fertigkeit selbst anzueignen.

Tipp: Legen Sie mit Ihren Kindern doch einmal eine Gespenster-Bastelstunde ein. Wenn die Kinder ihren eigenen Kinkerlitz oder Watteweich in Händen halten, macht das Lösen der Gespenster-Aufgaben gleich noch mehr Spaß. Vielfältige Ideen, Tipps und Hinweise zum „Geister-Basteln" finden Sie u.a. auf den folgenden Internet-Seiten:

http://www.kidsweb.de/herbst/gespenster_basteln/gespenster_basteln.htm
http://www.basteln-gestalten.de/gespenster-basteln
http://www.kikisweb.de/spezial/halloween/basteln/geister/geister.htm

Baustein B befasst sich mit dem **Lesen**. Hier werden den Kindern kleinste Einheiten geboten; ausgehend von der Silbe folgen das Wort und das lange, zusammengesetzte Schlangenwort. Weiter geht es mit Satzfragmenten, Sätzen, Reimen und Kurztexten mit unterschiedlichem Schwierigkeitsgrad. So gewinnen Kinder durch das Lesen die Erkenntnis, dass sie vom Vorleser unabhängig werden, d.h., sie gewinnen Selbstständigkeit und entwickeln daraus Sicherheit und Selbstbewusstsein, denn sie können sich immer leichter ohne fremde Hilfe Informationen erschließen, ihnen kann keiner mehr etwas vormachen!

Baustein C enthält vielfältige **Schreibübungen**. Die Kinder erkennen die Kommunikation zwischen Schreiben und Lesen. Was ich niederschreibe, kann ein anderer lesen und mir – wiederum schreibend – eine Antwort geben, die ich lesend entschlüsseln kann, ein immerwährender Prozess. Auch dieser führt die Kinder zu Eigenständigkeit und unabhängigem Handeln. Mag sein, dass nicht mehr so viele Briefe wie früher geschrieben werden, aber auch bei E-Mails findet der gleiche Prozess statt: codieren – decodieren – codieren.

FRESCH für den Anfangsunterricht

Der einzige Unterschied besteht darin, dass er in einem anderen Medium abläuft. Ganz nebenbei entdecken die Kinder, dass Schreiben auch Regeln unterliegt, die es vereinfachen. Selbst wenn im 1./2. Schuljahr die lautgetreue Schreibweise noch überwiegt, haben sie die Möglichkeit, ihr Schreibwissen mit den 4 FRESCH-Strategien zu erweitern, was ihnen eine Schreibkompetenz für die folgenden Schuljahre eröffnet.

Im **Baustein D** vertiefen, erproben, wiederholen, erweitern, variieren, üben und wenden die Kinder das Erlernte in Form von **Rätseln** und **Spielen** an, ganz nach dem Motto: „Übung macht den Meister", aber eben spielerisch.

Die einzelnen Bausteine erkennen Sie auf einen Blick an folgenden kleinen Gespenster-Abbildungen rechts oben auf den jeweiligen Seiten:

Baustein A / Vorlesegesichte:

Baustein B / Lesen:

Baustein C / Schreiben:

Baustein D / Spiel- und Rätselspaß:

Zudem finden Sie in diesem Heft die Vorlage für ein erstes Schatzwörterbuch, das jedes Kind für sich selbst gestalten kann und mit dem Sie die Kinder in die Wörterbucharbeit einführen können. Mehr dazu finden Sie in den Lehrerhinweisen. Und ganz am Schluss finden Sie eine Übersicht über die Lösungen.

Doch nun wünsche ich Ihnen viel Spaß und Erfolg beim Einsatz dieser Arbeitsvorlagen.

Ihre

Bettina Rinderle

PS: Im Folgenden werden die wichtigsten Grundlagen der FRESCH-Methode dargestellt, die seit geraumer Zeit bei Schülern und Schülerinnen bis zur Klasse 9 erfolgreich angewendet wurde und wird.

FRESCH für den Anfangsunterricht • 3

Lehrerhinweise

Grundlagen der FRESCH-Methode

Heute nimmt man an, dass Informationen, die in unserem Gehirn ankommen, dort in verschiedenen, miteinander vernetzten Gebieten verarbeitet werden. Daher bietet es sich an, die Synchronisierung (= zeitliche Abstimmung aufeinander) auditiver und visueller Wahrnehmung mit Artikulation und Ganzkörperbewegung bzw. Schreibmotorik anzuregen. Wie sieht das in der Praxis aus?

Die Kinder sprechen zunächst die Wörter in Schwungsilben und bewegen sich gleichzeitig bei jeder Silbe seitwärts in Schreibrichtung. Der rechte Fuß beginnt, der linke rückt nach. Gleichzeitig „malt" die Schreibhand bei jeder Sprechsilbe einen Girlandenbogen in die Luft.

Dann werden die Wörter auch am Tisch geübt. Dabei führt die Schreibhand bei jeder Sprechsilbe in Schreibrichtung einen Girlandenbogen mit dem Finger auf dem Tisch aus. Achten Sie darauf, mit den Kindern mehrsilbige Wörter zu trainieren, damit sie in einen Rhythmus kommen. Einsilbige Wörter – gerade solche mit Mitlauthäufungen wie z.B. Strand oder Schubs – fallen Kindern dagegen häufig schwer.

Der nächste Schritt der Methode führt dann vom rhythmisch-melodischen Sprechschwingen zum synchronen Sprechschreiben durch Selbststeuerung mit deutlicher Artikulation. Beim Schreiben sprechen die Kinder gleichzeitig die jeweiligen Buchstaben. Es wird immer in Silbeneinheiten geschrieben. Jedes Kind schreibt und spricht die Silben in seinem eigenen Tempo. Dabei achtet es darauf, die Pausen zwischen den Silben einzuhalten. Diese Zeit nutzt es, um i-Punkte, t-Striche oder Umlautpunkte (ä, ö, ü) zu setzen. Zu Beginn sollten die Kinder die Silben in zwei verschiedenen Farben schreiben. So wird die Silbengliederung deutlicher und die Pausen werden eingehalten. Achten Sie darauf, den Kindern bei diesen Übungen die Silben genau vorzusprechen und sie von ihnen mitsprechen zu lassen. Am Anfang wird nur mit lautgetreuen Wörtern geübt, bei denen jeder Buchstabe so geschrieben wird, wie er klingt.

Zum Schluss malt das Kind die Girlandenbögen unter das Wort und liest es dabei genau mit. So kann es überprüfen, ob es keinen Buchstaben ausgelassen oder vertauscht hat. Bei späteren Übungen erkennt es so auch,

- ob es die doppelten Mitlaute beachtet hat:

Ba de wan ne

- ob es „ck" beachtet hat:

Zuc ker stan ge

Achtung: Hier richten wir uns nicht nach der Trennungsregel, sondern beachten den natürlichen Silbenrhythmus!

- ob es „tz" beachtet hat:

Som mer hit ze

Nach und nach kommen die Kinder zum flüsternden Mitsprechen. Zum Schluss führen sie nur noch die Mundbewegungen synchron aus.
Grundsätzlich gilt bei der FRESCH-Methode das Prinzip vom Leichten zum Schweren. Geben Sie Ihren Schülern also im Anfang kein Wortmaterial, das alle Rechtschreibschwierigkeiten gleichzeitig enthält. Beim Einführen der ersten FRESCH-Strategie, dem **Schwingen**, gehen Sie am besten folgendermaßen vor:

Stufe 1: Lautgetreue Schwungwörter

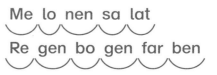

Me lo nen sa lat

Re gen bo gen far ben

Stufe 2: Lautgetreue Wörter mit Mitlautverdopplung, ck und tz

Gum mi en te

Wac kel pud ding

Wol ken krat zer

Stufe 3: Nicht lautgetreue Schwungwörter

Zieh brun nen   Mehl wür mer

Fin ger nä gel   Moor bad

Vo gel bee re   Wachs ker zen

Mix ge trän ke

Wand schrän ke

Diese Wörter verlangen Kenntnisse über weitere FRESCH-Strategien, die im nächsten Schritt nacheinander gelernt werden. Auf die Strategie des Schwingens folgt das **Verlängern**. Wenn man Wörter verlängert, kann man sie schwingen und so die richtige Schreibweise herausfinden:

Ziehbrunnen – zie hen

Wandschränke – Wän de

Auf das Verlängern folgt das **Ableiten**, mit dem sich die richtige Schreibweise herausfinden lässt:

Nägel – der Nagel

Schränke – der Schrank

Die letzte Strategie ist das **Merken**. Ausnahme- bzw. Merkwörter muss man durch häufiges und regelmäßiges Üben im Gedächtnis speichern. Das fällt LRS-Kindern schwer, denn sie brauchen lange, um diese Wörter zu automatisieren und aus dem Gedächtnis abzurufen. Zu den Merkwörtern gehören:

V-Wörter:	Vater
Wörter mit gleich klingende Lauten (gs/ks/cks/chs/x)*:	Mixer/ Wachs
Wörter mit Dehnungs-h:	Mehl
Wörter mit doppeltem Selbstlaut (aa/ee/oo):	Boot
Wörter mit lang gesprochenem i, nicht mit ie geschrieben**:	Tiger
Wörter mit lang gesprochenem i, nicht mit ie geschrieben:	ihm

*Der Buchtstabe X selbst ist lautgetreu. Doch es gibt viele Buchstabenkombinationen, die den gleichen Laut repräsentieren. Deshalb müssen die Kinder Wörter mit diesem Laut besonders trainieren.
**Bei FRESCH gilt eine wichtige Regel: Hören wir ein langes i, so schreiben wir in der Regel ie. Wörter mit langem i, die nicht mit ie geschrieben werden, sind Merkwörter.

Hinweise und Tipps zum Einsatz der Materialien im Unterricht

Kapitel 1 • Schreiben 1

Kinder sollten grundsätzlich beim Schreiben folgende Schritte beachten:
1. Wort mit dem ganzen Körper schwingen
2. Wort wiederholen und mit dem Finger auf dem Tisch die Bogen „malen"
3. Jede Silbe mitsprechend im Wechsel in zwei Farben schreiben
4. Bogen unter die Silben malen und dabei kontrollierend lesen.

Die Kinder sollten alle Lese- und Schreibtexte mit Silbenbogen versehen.

Kapitel 2 • Spiel- und Rätselspaß 2

Das unbetonte „e" in der 2. Silbe sollte nicht nur optisch unterstützt werden, sondern auch akustisch. Es ist nämlich fast nicht hörbar. Im Deutschen ist die 1. Silbe immer betont und die 2. Silbe unbetont: Wa gen – Ho bel – Tor te ...

Kapitel 3 • Lesen 4

Echolesen: Blatt kopieren, in der Mitte falten. Ein Kind liest den Part von Kinkerlitz, das andere „antwortet" als Watteweich. Natürlich kann auch die Hälfte der Klasse das „Echo" der anderen Hälfte sein. Wer erfindet (z.B. aus den vorgegebenen Wörtern) neue (Unsinns-) Kombinationen wie z.B. Kin der ga beln – Re gen fa beln? Die Kinder können natürlich auch mit eigenen Wortvorschlägen „Echo" spielen.

Kapitel 3 • Spiel- und Rätselspaß 2

Die Silbenkarten (größer kopieren, evtl. laminieren) können Sie auch mit Endsilben herstellen. Dann können die Kinder damit ein Wörterpuzzle spielen (reale Wörter und Fantasiewörter): -gen, -pe, -ge, -be, er, -ne, -fel, -der, -se, tel ...

Kapitel 4 • Lesen 2

Bei FRESCH gehört die Mitlautverdopplung in der Wortmitte zum lautgetreuen Schreiben. Die Kinder sollen aber nicht nur über das Hören, sondern auch über das Sehen mit dem lang und kurz klingenden Selbstlaut vertraut gemacht werden. O fen – hier klingt das O lang und macht sich „breit" im Silbenbogen; bei of fen klingt das O kurz und hat einen „Stopper" im Silbenbogen. Hören, Sehen und Schreiben kann man auch mit Unsinnswörtern üben: Le ter, aber Let ter (siehe dazu auch die Unsinnswörter in Kapitel 5 • Lesen 1).

Kapitel 6 • Lesen 4

Die Zusammensetzung von Namenwörtern kann man an dieser Stelle auch spielerisch darstellen. FRESCH arbeitet dazu oft mit den „Schlangenwörtern".

Kapitel 7 • Schreiben 4

Jedes Kind braucht benötigt einen Würfel. Mit dem 1. Wurf wird der 1. Teil des Satzes festgelegt, mit dem 2. Wurf der 2. Teil; z.B.: In der Nuss – hustet ein Monster. Als Eigendiktat, Partnerdiktat oder für alle Kinder möglich – dann mit dem großen Schaumstoffwürfel würfeln.

Kapitel 8 • Lesen 2

Jeder Spielpartner erhält das kopierte Leseblatt und knickt es in der Mitte. A spielt pantomimisch vor, was in seiner Spalte steht – B muss raten, dann werden die Rollen getauscht. Die Merkwörter können auf Kärtchen geschrieben werden und kommen in die Merkwörter-Kiste (z.B. ein verzierter Schuhkarton) für die Klassenfreiarbeit. Für eigene Merkwörter: ins Heft schreiben oder auf ein gefaltetes Blatt, das immer wieder ergänzt und abgeheftet wird.

Kapitel 8 • Lesen 3

Thematisieren Sie Monster im Unterricht. Jeder denkt sich ein eigenes Monster aus (Bild, Collage) und beschreibt es (Eigentext), auch als Elfchen, Haiku oder gereimt. Auf „Monster" reimt sich nichts, höchstens Unsinn: „Pagonster" oder verfremdet: Gesponster. Der Lesetext eignet sich auch zum Abschreiben oder als Diktat in kleinen Abschnitten. Die Merkwörter anschreiben oder mit lautgetreuen Wörtern ersetzen: verborgen = nicht sichtbar; Zähne = Hauer; Haare = Zotteln; stöhnen = seufzen; verschwinden = gehen. Geben Sie nie Diktattexte zum Üben mit nach Hause, das stresst Eltern und Kinder und geht immer daneben. Lieber so: Wörter und Sätze beiläufig im Unterricht verwenden. NIE auf einen Test hinweisen. Wörter oder Sätze dann diktieren und einsammeln. Am nächsten Tag – wenn alle Kinder ausgeruht sind, den Text wieder zurückgeben, Anzahl der Fehler angeben, mit der ausdrücklichen Aufgabe, ihn jetzt zu überarbeiten und zwar mit Hilfe der gelernten Strategien und Regeln: Silbenbögen malen, mitsprechend lesen, auf Merkwörter oder andere Strategien überprüfen, evtl. im Wörterbuch nachsehen. Erst das so bearbeitete Diktat zur Leistungsüberprüfung heranziehen.

Kapitel 8 • Lesen 4

Auszählverse schwingen, klatschen, klopfen, auszählen und Verstecken spielen! Merkwörter in die Schatzkiste oder jeder schreibt sie für sich auf Faltzettel.

Kapitel 8 • Schreiben 3

Das lange (lautgetreue) „i" haben die Kinder als „ie" kennen gelernt. Bei FRESCH gelten Wörter mit langem „i" ohne ie als Merkwörter. Erst- und Zweitklässler müssen sich nur wenige merken, wie z.B. Tiger, Dino, wir ... Eine Regel kann aber schon eingeführt werden: Alle „-ine"-Wörter haben ein langes „i": Maschine, Apfelsine, Praline, Gardine ...

Kapitel 8 • Spiel- und Rätselspaß 1

Dieser informelle Testvorschlag kann einen Überblick geben darüber, was ein Kind schon kann. Sollte Ihnen diese Info über ihre Schüler nicht ausreichen, gibt es standardisierte Verfahren wie z.B. die HSP (Hamburger Schreibprobe) oder den DRT (Deutscher Rechtschreibtest). Der informelle Test hat den Vorteil, dass Sie genau das überprüfen können, was im Unterricht erarbeitet wurde, d.h., Sie haben eine maßgeschneiderte Lernzielkontrolle.

Das Schatzwörterbuch

Mit dem z.T. anspruchsvollen Wortschatz im gesamten Werk wollen wir eine Anregung zur Wortschatzarbeit geben. D.h., Sie werden immer wieder gefordert sein, die Bedeutung von Wörtern zu hinterfragen bzw. zu erklären. Mit FRESCH arbeiten Sie nicht im reinen Lese-Schreibbereich, FRESCH versteht sich als ganzheitlicher Unterricht!
Unter **www.aol-verlag.de/8777** finden Sie die Vorlage für ein kleines Wörterbuch, mit dem Sie die Kinder in die Wortschatzarbeit einführen können. Und so ist das Büchlein im Handumdrehen einsatzbereit:

1. Drucken Sie die Vorlage aus und kopieren Sie die Seiten für die ganze Klasse.
2. Jede Seite wird in der Mitte (an der gestrichelten Linie) gefaltet und dann zusammengeklebt. Der Klebstoff muss auf jeden Fall trocknen.
3. Dann werden die gefalteten und zusammengeklebten Seiten gelocht. Die schwarzen Punkte sind als Orientierung beim Lochen gedacht.
4. Die gelochten Seiten werden dann in die richtige Reihenfolge gebracht und mit einem Heftstreifen zusammengeheftet. Zur Not tut es aber auch ein Stück Kräuselband, dass durch die Löcher gezogen und dann fest verknotet wird.

Dann schreiben alle die Seitenzahlen in ihr jeweiliges Schatzwörterbuch.
Als Anregung möchten wir Ihnen noch ein paar Abc-Spiele vorschlagen: Der Blanko-Abc-Bogen wird für alle Kinder kopiert. Versehen Sie ihn vorher mit einer Überschrift. Der Bogen muss nie auf einmal vollständig ausgefüllt werden – er kann die Kinder über einen längeren Zeitraum bei unterschiedlichen Abc-Themen begleiten. Diese Bögen

sollten die Kinder in einem Extra-Ordner abheften und immer wieder ergänzen. Alle Wörter müssen vor dem Eintrag im eigenen oder im Klassenwörterbuch nachgeschlagen und dann mitsprechend aufgeschrieben werden. So könnte es beginnen: Heute fangen wir das „Was ich mag-Abc" an und suchen uns drei schöne Sachen heraus ...

Weitere Themen:
• Was ich nicht mag
• Was es in unserer Wohnung gibt
• Was es in der Stadt gibt
• Was ich in der Natur sehen kann
• Tiere
• Was größer ist als eine Briefmarke ...

Suchaufgaben fürs Wörterbuch: gemeinsam an der Tafel oder jeder für sich
• Was steht als 1. Wort bei „S" (A, L, ...)
• Was steht als 3. Wort bei ...

• Was steht als letztes Wort bei ...
• Das 1. Wort nach den G-Wörtern
• Das letzte Wort vor den L-Wörtern
• Ein beliebiges Wort aus dem Wörterbuch vorlesen – alle schlagen nach – wer findet dazu ein Reimwort?

Wörter an die Tafel schreiben – Kinder ordnen sie nach dem Abc.
Bingo-Spiel mit einer kleinen Wortsammlung (Wörter mit B, R ...) Bingo-Vorlage falten!
Mit Buchstabenwürfeln würfeln und mit dem vorgegebenen Buchstaben Wörter nachschlagen und sammeln.
Übrigens: Am Schluss dieses Heftes finden Sie die Vorlagen für kleine Lob-Kärtchen, mit denen Sie „Ihre" Kinder belohnen und motivieren können.

FRESCH für den Anfangsunterricht • 7

Kapitel 1 • Fortsetzungsgeschichte Teil 1

Die Gespensterschule

Kinkerlitz und Watteweich sind zwei Gespenster. Watteweich hat seinen Namen deshalb, weil sein Gewand so sanft und weiß und pummelig aussieht wie lauter Wattekugeln. Der übermütige Kinkerlitz ist sein bester Freund. Beide sind Gespensterschüler auf der Quaddelburg im Grümpelwald. Übrigens heißt Kinkerlitz Kinkerlitz, weil er beim Spuken gern Unsinn treibt und sich manchmal nicht an die Gespensterregeln hält. So spukte er einmal am helllichten Tag in der Bäckerei Hörnli. Er schlüpfte durchs Schlüsselloch in die leere Backstube, schüttete eine Tüte Mehl über die Mohrenköpfe und streute Zucker auf die Salzbrezeln. Als Frau Hörnli, die Bäckerin, plötzlich zur Tür hereinkam, stieß sie einen gellenden Schrei aus, sodass sich selbst das freche kleine Gespenst erschreckte. Bei seiner Flucht durch das Schlüsselloch warf es noch eine Schüssel Rosinen auf den Boden. Frau Hörnli war sprachlos. Sollte es doch Gespenster geben?

Kinkerlitz hieß damals noch Schneeflocke, weil sein Gewand so blitzweiß war wie frischer Schnee. Aber für jeden Verstoß gegen die Gespensterregeln bekam er einen hässlichen braunen Fleck aufs Gewand. Das war seine Strafe. Als der Direktor der Gespensterschule in der folgenden Nacht die Gespenster zum Spukunterricht begrüßte, zählte er sieben Flecken auf Schneeflockes Gewand. Das konnte nur bedeuten, sieben Mal die Regeln nicht beachtet:

- 2-mal ein Monster erschreckt (nicht erlaubt),
- 3-mal im Schlüsselloch stecken geblieben, (weil er den Schlüsselbund vergessen hatte),
- 1-mal wie ein Hund gebellt (Gespenster dürfen keine Tierstimmen nachmachen),
- 1-mal am Tag gespukt (nicht erlaubt).

Das war zu viel für Gespensterdirektor Eulenhut! Ab sofort bekam Schneeflocke den Namen „Kinkerlitz" und musste zu allem Übel noch einmal für vier Wochen in die 1. Gespensterklasse zurückgehen. Das bedeutete: Statt richtig zu spuken, durfte er nur einen leichten Wind machen und höchstens einen Goldhamster erschrecken. Das hatte Direktor Eulenhut angeordnet. Kinkerlitz heulte fürchterlich darüber. Doch Watteweich tröstete seinen besten Freund und meinte: „Du fliegst einfach hinter mir her, wenn ich die Leute erschrecke, da hast du genau so viel Spaß dabei." Und damit war Kinkerlitz auch zufrieden.

Kapitel 1 • Lesen 1

Kreise die gleichen Silben ein:

Ma	Na	Sa	an	Mo	Ne	Ma	Mu	Na	
Re	Be	Le	Se	Re	Fe	Bo	Ne	Ro	
Schi	Sche		Scho		Spi	Si	Schi	Sti	
Lo	Eo	Po	Lo	Ko	So	No	To	Fo	Bo
Fu	Fa	Fu	Lu	Nu	Fo	Tu	Fe	To	Ku
De	Da	Die	Be	Bo	Ge	Die	De	Bei	Du
Heu	Hau	Hei	Hi	Ho	Hui	Ha	Heu	Hu	
Wa	We	Wi	Wau	Wo	Wu	Va	Vo	Wa	

Zwei sind gleich – male sie an:

A B S M O L T S U V G N

l e m o n s t o r u a b

ka ke ku ko kl ki ku kr kei klo klu

am an wann ab auf ans aus auf dann

da dann dort das der dann die denn

sam san sun son sau sen sum sau sem

Kapitel 1 • Lesen 2

Finde die Anfangssilbe – male sie an:

👻	Ga	Ge	Gie	Go	Gu	🤴	Ka	Ke	Kie	Kö	Ku
🛋	Sa	Se	Sie	So	Su	👖	Ha	He	Hie	Ho	Hu
🧹	Ba	Be	Bie	Bo	Bu	🐦	Va	Ve	Vie	Vo	Vu
🐰	Ha	He	Hie	Ho	Hu	🧀	Ka	Kä	Kie	Ko	Ku
🖍	Ta	Te	Tie	To	Tu	🌹	Sa	Se	Sie	So	Su
🌧	Ra	Re	Rie	Ro	Ru	🍎	Ap	Ep	Ip	Op	Up
🔥	Fa	Fau	Fe	Feu	Fu	🪜	La	Le	Lei	Lie	Lo
🥫	Da	De	Die	Do	Du	🦔	A	E	I	O	U
🪶	Fa	Fe	Fie	Fo	Fu	🦁	La	Le	Lie	Lö	Lu
🎵	Na	Ne	Nie	No	Nu	🍰	Ka	Ke	Kie	Ko	Ku
🦆	An	En	In	On	Un	👜	Ta	Te	Tie	To	Tu
🐭	Mas	Maus	Meis	Mus		👄	Na	Ne	Nie	No	Nu

FRESCH für den Anfangsunterricht • 10

Kapitel 1 • Lesen 3

Finde die Anfangssilbe – male sie an:

	Bla	Ble	Blie	Blo	Blu		Dra	Der	Drie	Dro	Dru
	Kar	Ker	Kir	Kor	Kur		Tal	Tel	Til	Tol	Tul
	Lam	Lem	Lim	Lom	Lum		Zan	Zen	Zin	Zon	Zun
	Spa	Spe	Spie	Spo	Spu		Bars	Bers	Bors	Bürs	
	Wal	Wel	Will	Wol	Wul		Gar	Ger	Gir	Gor	Gur
	Man	Men	Min	Mon	Mun		Zar	Zer	Zir	Zor	Zur
	Kar	Ker	Kir	Kor	Kur		Kas	Kes	Kis	Kos	Kus
	Bar	Ber	Bir	Bor	Bur		Pan	Pen	Pin	Pon	Pun
	Pfau	Pfeil	Pfo	Pfu			Bra	Bre	Bri	Brot	Bru
	Gar	Ger	Gir	Gor			War	Wer	Wir	Wür	
	Tar	Ter	Tor	Tur			Fans	Fens	Fons		
	Spa	Spe	Spie	Spo			Ran	Ren	Rin	Run	

FRESCH für den Anfangsunterricht

Kapitel 1 • Lesen 4

Kinkerlitz und Watteweich haben ein kleines Spiel erfunden:
Alle lesen und klatschen – frei stehend im Kreis oder vor dem Tisch:
Ra und **ba** = auf die Schenkel klopfen
ton und **ga** = in die Hände klatschen
Beim zweiten Durchgang schneller werden.

Ra ba	ton ga	ton ga	ton ga
Ra ba	ton ga	Ra ba	ton ga
ton ga	Ra ba	ton ga	Ra ba
Ra ba	Ra ba	ton ga	ton ga
ton ga	Ra ba	Ra ba	ton ga

Für flinke Leser: Lies im Silbentakt:

Ge spens ter la chen

Ge spens ter sin gen

Ge spens ter kra chen

Ge spens ter klin gen

Ge spens ter ma chen

Ge spens ter schwin gen

nachts Ra dau!

nachts um den Turm!

Ap fel krap fen Zuc ker Zimt,

wer da von ein Stück chen nimmt

wird ge scheit wie Hu go Hun dert

je der sich dar ü ber wun dert.

FRESCH für den Anfangsunterricht • 12

Kapitel 1 • Schreiben 1

Verbinde die Silben zu Wörtern und schreibe sie auf.

Bo — ter ....

Ga — del ....

Me — ber ....

Lie — gel ....

Nu — gen ....

Fie — fen ....

O — bel ....

Na — der ....

Sal — se ....

Ber — ze ....

Lin — pe ....

Tor — ge ....

Gur — be ....

Pil — ke ....

Tul — te ....

FRESCH für den Anfangsunterricht

Kapitel 1 • Schreiben 2

**Hier hat Kinkerlitz alle Selbstklinger weggewischt.
Setze sie ein: a – e – i – o – u**

W _ gen

B _ gen   T _ be

Z __ gel   R _ be

H _ se   R _ gen

T _ fel   S _ gel

H _ pe   W _ ge

F _ der   B _ ben

**Setze hier die Mitlaute ein. Die Bilder helfen dir dabei:
z.B. u   e = Hu pe**

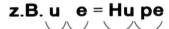

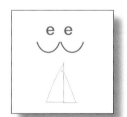

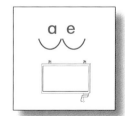

Kapitel 1 • Schreiben 3

Hier hat Kinkerlitz alle Anlaute weggewischt. Setze sie wieder ein und schreibe das ganze Wort daneben auf die Linie:

__a gen ....   __u be ....

__o gen ....   __a be ....

__ie gel ....   __ie se ....

__o se ....   __e gen ....

__a fel ....   __o se ....

__u pe ....   __e gel ....

__e der ....   __u ben ....

__o ge ....   __u schel ....

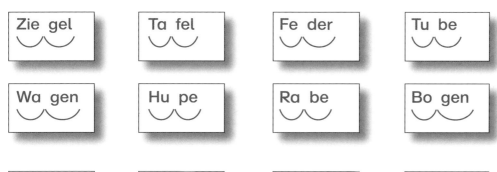

FRESCH für den Anfangsunterricht

Kapitel 1 • Schreiben 4

Schreibe Silben und Wörter, die dir gefallen, in allen Farben und Größen!

Se

WOL

Reise

Kapitel 1 • Spiel- und Rätselspaß 1

Gegenstände schwingen

Kinkerlitz und Watteweich schwingen allerlei Sachen:
Jedes Kind darf einen Gegenstand aus der Klasse in die Kreismitte legen.
Nun wird ein Gegenstand nach dem anderen benannt und in den Silben dazu geschwungen, z.B.:

Fe der mäpp chen oder Ra dier gum mi

Anschließend wird ein großes Tuch über die Dinge gebreitet, und aus dem Gedächtnis werden sie nochmals genannt und geschwungen. Frage zum Schluss: Was haben wir vergessen?

Karten mit den Silbenbögen – eine Silbe, zwei Silben etc. werden auf die vier Ecken des Klassenzimmers verteilt. Die Kinder können nun die Gegenstände der Reihe nach wieder aufnehmen und den Silbenkarten im Klassenraum zuordnen, die in den Ecken verteilt liegen:

Heft
Buch

Bleistift
Flasche

Tafelschwamm
Zeichenblock

Radiergummi
Klassenkasse

FRESCH für den Anfangsunterricht • 17

Kapitel 1 • Spiel- und Rätselspaß 2

Gespenster-Suchsel

Watteweich hat allerlei im Suchsel versteckt.
9 Dinge kannst du in Schreibrichtung finden.
1 Rätselwort musst du von unten nach oben lesen!

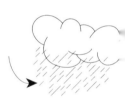

L	W	K	I	N	D	E	R	G	Z	A	J
S	T	R	D	O	M	I	N	O	X	P	L
A	C	M	I	F	X	R	A	B	E	Ü	M
K	H	O	S	E	Q	Y	N	U	D	E	L
L	U	P	E	L	A	Q	R	E	G	E	N
X	S	Z	F	E	N	S	T	E	R	K	C
B	M	O	W	T	U	B	E	J	Ä	Y	V

....

....

....

....

Kapitel 2 • Fortsetzungsgeschichte Teil 2

Die Bewohner der Quaddelburg

Gespensterdirektor Eulenhut lebte mit seinen Gespensterklassen 1 – für die Anfänger – und Klasse 2 für die Fortgeschrittenen natürlich heimlich auf der Quaddelburg im Grümpelwald. Der wirkliche Besitzer der Quaddelburg war Graf Schlotterbacke. Dieser wohnte seit fast 100 Jahren dort. Er liebte die dunklen, hohen Burgzimmer, in denen es fast überall zog wie auf dem Bahnsteig und auch bei Sommerhitze nie wärmer war als an einem trüben Novembernebeltag. Er saß meistens in seiner Bibliothek, wo er sich ab und zu ein kleines Feuer im Kamin gönnte. Dort las er mit Begeisterung in einem seiner siebenundsiebzig Zauberbücher. Aber das Zaubern hat er dabei nie gelernt.

„Hallifax und Buckelmühe
bring' mir eine Hühnerbrühe!"

hörte man ihn sagen und dann fuchtelte er mit seinem Esslöffel in der Luft herum. Aber weder ging die Tür auf, noch schwebte ein Teller Suppe herein. Achselzuckend schlurfte er in die Burgspeisekammer und holte sich eine Portion Knäckebrot mit Ölsardinen. Zurück in seinem Sessel merkte er nicht, dass er sein seltsames Abendessen mit ein paar Mäuschen teilte, die von seinem Teller stibitzten. Graf Schlotterbacke sah nämlich nicht mehr so gut und hören konnte er auch nicht mehr viel. So war es für die Gespenster nicht ganz einfach, mit Erfolg zu spuken. Wenn Kinkerlitz den Grafen im dunklen Burgzimmer an seinen letzten drei Haaren zog, wischte dieser nur mit seiner Hand über die Stirn als wollte er eine lästige Fliege vertreiben und erschreckte sich kein bisschen. Und als ihm Watteweich eine fette, schwarze Spinne aufs Kopfkissen setzte, dachte er, es sei ein Fleck und schimpfte am nächsten Morgen mit Frau Bienchen, seiner Haushälterin. Sie kaufte für ihn ein und machte ihm die Wäsche. „Das ist ja allerhand!", schnaubte sie empört. „Ich wasche meine Wäsche bestens. Wo ist denn der Fleck jetzt? Ist er vielleicht weggelaufen?" fragte sie spottend und wusste gar nicht, wie Recht sie hatte. Nein, Graf Schlotterbacke ließ sich nicht leicht erschrecken, da mussten sich die Gespenster und Direktor Eulenhut schon kniffligere Streiche ausdenken!

Kapitel 2 • Lesen 1

Kinkerlitz hat Bildkarten verstreut. Kannst du sie mit den Wörtern verbinden?

FRESCH für den Anfangsunterricht • 20

Kapitel 2 • Lesen 2

Vor Mitternacht, ehe die Gespenster anfangen zu spuken, vertreiben sie sich die Zeit mit Reimen. Verbinde die Paare:

Verbinde nun Bild mit Reimwort, z.B. Dose mit

Kapitel 2 • Lesen 3

Alle lesen und klatschen – frei stehend im Kreis oder vor dem Tisch:
Li und **lo** = auf die Schenkel klopfen
fan und **ti** = in die Hände klatschen
Beim zweiten Durchgang schneller werden.

Li lo	fan ti	fan ti	fan ti
Li lo	fan ti	Li lo	fan ti
fan ti	Li lo	fan ti	Li lo
Li lo	Li lo	fan ti	fan ti
fan ti	Li lo	Li lo	fan ti

Für alle: Im Chor lesen und auswendig lernen:

Bac ken zahn und Bul ler bü,

zehn vor acht ist ziem lich früh

Al le Wie sen sind noch nass,

bar fuß lau fen macht jetzt Spaß!

Dot ter blu me Dat tel nuss,

schick' mir bit te ei nen Gruß,

wenn du in der Fer ne bist,

denn ich hab' dich sehr ver misst!

Kapitel 2 • Lesen 4

Lies, was Kinkerlitz geschrieben hat und male dazu:

Auf dem So fa ei ne Tu be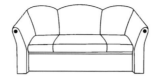

Auf der Ta fel ein Ra be

Auf der Wie se ei ne Ho se

Im Re gen ein Ha se

Im Ne bel ein Be sen

Auf der Na se ei ne Ga bel

Auf dem Au to ein Pu del

Auf dem Dau men ei ne Fe der

Auf den Ber gen ein Feu er

In der Wie ge ei ne Tau be

In der Ta sche ei ne Sche re

FRESCH für den Anfangsunterricht • 23

Kapitel 2 • Schreiben 1

Hier hat Watteweich überall aus den Wörtern das
a weggewischt.
Setze es ein, lies das Wort und schreibe es noch einmal ordentlich ab.
Dann male die Bögen darunter.

W_a_gen	H__fen	T__ge	B__d
Wagen	....	....	....
T__fel	G__bel	P__l me	M__s ke
....	....	....	....
L__m pe	F__r be	N__se	B__n de
....	....	....	....
K__bel	D__me	P__s te	F__l te
....	....	....	....
Z__n ge	W__l ze	M__de	K__s ten
....	....	....	....
Gr__ben	__n __n __s	B__n __ne	__mei se
....	....	....	....

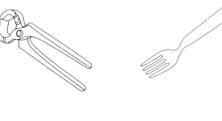

Kapitel 2 • Schreiben 2

Setze die passende Silbe ein. Du darfst sie auch mehrfach benutzen. Schreibe das Wort daneben in die Bögen.

Ma __	....	den
Bo __	....	gen
Zie __	....	pe
La __	....	be
Re __	....	gen
Hu __	....	ge
Ta __	....	gel
Se __	....	gen
Ra __	....	se
Wie __	....	fel
Ro __	....	be
Tau __	....	se

FRESCH für den Anfangsunterricht • 25

Kapitel 2 • Schreiben 3

**Kinkerlitz und Watteweich haben mal wieder gereimt.
Schreibe die Reimwörter in die Kästchen.**

Rie se	Fe der	Zie ge	Bo gen
W.........	L.........	W.........	W.........

Ru der	Ro se	Ne bel	Ga bel
P.........	H.........	H.........	N.........

Wes te	Ka bel	Lu pe	Kin der
R.........	F.........	H.........	R.........

Be sen	Lau be	Din ge	Bü gel
W.........	T.........	R.........	H.........

Wun de	Fa den	Bei ne	Zwer ge
H.........	L.........	L.........	B.........

   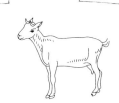 

Kapitel 2 • Schreiben 4

**Hier hat Kinkerlitz die 1. Silbe weggewischt.
Baue eine passende Silbe ein und schreibe das ganze Wort dazu.**

___ gen ....   ___ be ....

___ gel ....   ___ se ....

___ fel ....   ___ ge ....

___ der ....   ___ se ....

___ se ....   ___ gel ....

___ ben ....   ___ gen ....

___ gen ....   ___ ben ....

Wo	Bü	Na	Bo
Le	Ha	Ro	Zie	Ma
Ho	Ra	Tau	Ta	Tu

FRESCH für den Anfangsunterricht • 27

Kapitel 2 • Spiel- und Rätselspaß 1

Gespenster-Domino

Schneide die Domino-Karten aus und lege die Karten richtig aneinander. Das Abc hilft dir bei der 2. Silbe! Schreibe die vollständigen Wörter auf.

a **b c** d e **f g** h i j **k l** m n o **p** q **r s sch** t u v w x y **z**

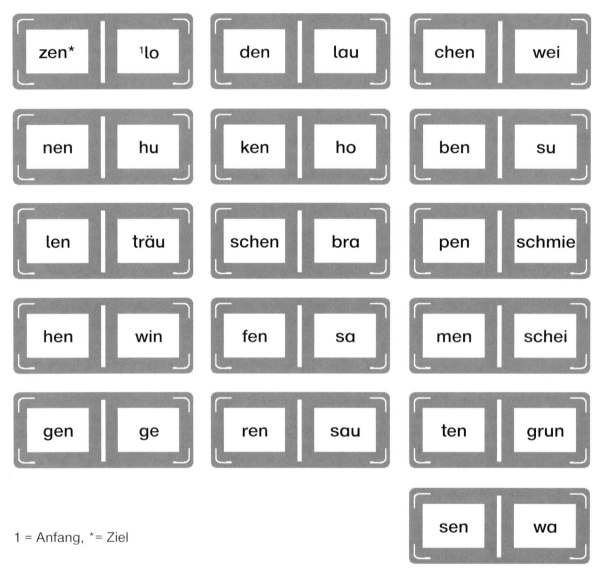

1 = Anfang, *= Ziel

Was haben alle 2. Silben gemeinsam? Ein ....

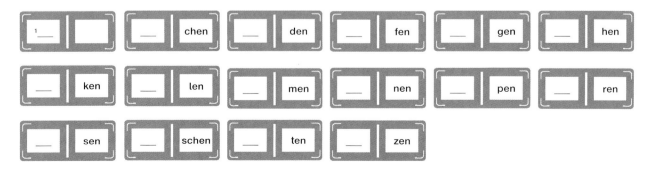

Kapitel 2 • Spiel- und Rätselspaß 2

Gespenster-Rätsel

**Die Gespenster haben ein Rätsel gebastelt.
Du musst lesen, raten, die Silbe einfügen – viel Spaß!**

1 Bir ___   2 Ta ___   3 Flö ___

4 ___ se   5 Zan ___   6 ___ pe

7 ___ sel   8 Rau ___   9 Ga ___

10 li ___   11 So ___   12 Spi ___

13 Jo ___   14 ___ sel   15 Gar ___

16 Re ___   17 ___ sel   18 Chi ___

| -ne | Ho- | E- | -la | -gurt | -gen | -xi | -ge | -pe |

| -fa | Pin- | Am- | -te | Tul- | -bel | -nat | -ten | -na |

1 eine Frucht   2 Fahrzeug   3 Musikinstrument

4 zieht man an   5 Werkzeug   6 Blume

7 graues Tier   8 Insekt   9 Teil vom Besteck

10 Farbe   11 Möbelstück   12 grünes Gemüse

13 wird aus Milch gemacht   14 braucht der Maler   15 rund ums Haus

16 kommt aus den Wolken   17 Vogel   18 fernes Land

FRESCH für den Anfangsunterricht • 29

Kapitel 3 • Fortsetzungsgeschichte Teil 3

Erfinderstunde auf der Quaddelburg

In der nächsten Nacht war der Mond fast voll. Die Fledermäuse flatterten scharenweise um den Burgturm. Ein ideales Gespensterwetter. Die Klasse 2 hatte gerade Unterricht. Direktor Eulenhut räusperte sich und rasselte mit dem Schlüsselbund: „Ähem! Wie ihr gemerkt habt, liebe Gespenster, wird das Spuken auf der Quaddelburg immer schwieriger." Er seufzte und fegte mit seinem langen weißen Ärmel über den Kopf, als wollte er sich den Schweiß von der Stirn wischen. Aber Gespenster schwitzen ja bekannterweise nicht. „Wir werden jetzt einen Gespenstersaft trinken, den ich nach dem alten Spezialrezept meines Großvaters von Burg Schimmelstein zubereitet habe", fuhr der Direktor fort, „und dieser Trunk wird uns helfen, sehr aufregende Streiche zu erfinden. Graf Schlotterbacke und Frau Bienchen werden staunen!", lachte er scheppernd. Das klang, als hätte er einen Sack Reißnägel verschluckt. In diesem Augenblick schwebte für jeden Geist der zweiten Klasse ein Glas durch die Luft. Kinkerlitz und Watteweich griffen nach ihrem Glas, Wölkchen, Weißwuschel und Klapperwilli ebenfalls. Die Gläser schienen leer zu sein. Gespenster trinken ja auch keine Apfelschorle oder Schokoladenmilch. Sie schlürften das, was nur Luft zu sein schien, aus dem Glas. Und dann geschah etwas Merkwürdiges: Klapperwilli färbte sich plötzlich rosa und Weißwuschel, der gerade darüber losprustete, wurde apfelgrün. Wölkchen, Kinkerlitz und Watteweich wurden lila, gelb und rot. Keines der Gespenster wusste, ob es heulen oder lachen sollte. Doch schon rief Direktor Eulenhut alle in einen Kreis zusammen und fing an etwas zu murmeln, das so klang:

„Wixe, waxe, Hexeneiche
wir erfinden tolle Streiche –
schnicke, schnacke, schnuck
das wird ein wilder Spuk!"

Es war mäuschenstill. Keiner rührte sich. Keiner wagte einen Seufzer. Plötzlich schrie Weißwuschel mitten in die Stille hinein: „Ich hab's! Ich hab's! Wir schütten Frau Bienchen Tinte in die Waschmaschine. Da kriegt sie einen Höllenschreck, wenn die ganze Wäsche blau rauskommt!" Dann rief Wölkchen aufgeregt: "Ich weiß auch was! Wir löschen alle Buchstaben in Graf Schlotterbackes Zauberbuch!" „Und wenn er schläft, schweben wir mit ihm auf die höchste Burgzinne." Doch Watteweich hatte die beste Idee: „In Frau Bienchens Einkaufskorb setzen wir statt Butter, Brot und Marmelade all unsere Burgmäuse!" Bei der Vorstellung, dass die Haushälterin vor Schreck vom Stuhl fallen könnte, kreischten alle Gespenster in wildem Gelächter los. Das Rezept von Eulenhuts Großvater hatte gewirkt.

Kapitel 3 • Lesen 1

Die Gespenster haben die Kinder einer Klasse gefragt, was sie gern mögen. Hier sind die Antworten. Weißt du, wer was mag? Verbinde.

Und was magst du?

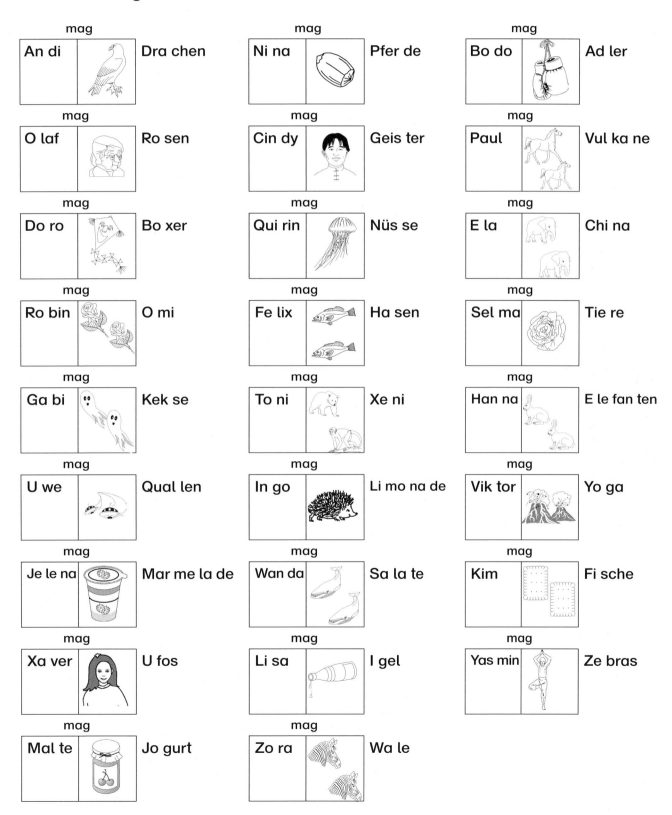

mag		mag		mag	
An di	Dra chen	Ni na	Pfer de	Bo do	Ad ler
O laf	Ro sen	Cin dy	Geis ter	Paul	Vul ka ne
Do ro	Bo xer	Qui rin	Nüs se	E la	Chi na
Ro bin	O mi	Fe lix	Ha sen	Sel ma	Tie re
Ga bi	Kek se	To ni	Xe ni	Han na	E le fan ten
U we	Qual len	In go	Li mo na de	Vik tor	Yo ga
Je le na	Mar me la de	Wan da	Sa la te	Kim	Fi sche
Xa ver	U fos	Li sa	I gel	Yas min	Ze bras
Mal te	Jo gurt	Zo ra	Wa le		

FRESCH für den Anfangsunterricht

Kapitel 3 • Lesen 2

Kinkerlitz und Watteweich haben **Namen, Tiere** und **Pflanzen** durcheinander gebracht. Mache Ordnung und male an:

Tiere = rot, Pflanzen = grün, Namen = gelb

Ad ler	Sa lat	Hen ri ke	Ga bi
Re gen wurm	Rü be	Kar tof fel	Hund
E li sa	Frosch	Pus te blu me	Ei che
Pu ma	Wil li	Els ter	So fi a
Hen ne	Pe ter si li e	War zen schwein	Paul
Gras	Schwal be	Se li na	Tul pe
Wei zen	Fal ke	Karp fen	Mar tha
Eu le	Kraut	Kas ta ni e	Pu del
Le o	Dro me dar	Pi a	Nas horn
Lu kas	Fich te	An ton	Sal bei
Kir sche	Maul wurf	Eis bär	E mil
Krö te	Ha fer	Mu li	Car lo
Bu che	Eich hörn chen	Ku no	Wal
Gän se blüm chen	Ri co	As ter	Po ny

Wieviele Tiere ?   ☐

Wieviele Pflanzen? ☐

Wieviele Namen?   ☐

Kapitel 3 • Lesen 3

„Ei, ei, ei! Das sind ja lauter „ei"-Wörter!" ruft Watteweich.
„Die hast du gut versteckt! Ob die Kinder sie finden?"
„Na klar", meint Kinkerlitz, „sie brauchen sie nur einzukreisen.
Die dicken Buchstaben ergeben noch ein Zauberwort!"

Ü	S	E	I	T	E	R	U	Z	E	I	T
L	E	I	T	E	R	K	**W**	E	I	N	L
M	T	R	**E**	I	S	E	A	S	**E**	I	L
S	C	H	N	E	I	D	E	R	H	R	L
L	S	P	F	E	I	**L**	J	**T**	E	I	L
X	H	**M**	E	I	S	T	E	R	H	N	Ü
T	E	I	C	H	W	E	**I**	Z	E	N	Ä
K	L	E	I	D	E	R	S	E	I	D	E
Ä	H	R	E	I	**T**	E	R	U	P	Y	V
S	T	E	I	N	J	W	E	I	D	E	L
G	E	I	S	T	E	**R**	R	E	I	H	**E**
Z	X	S	C	H	E	I	B	E	G	B	L
Q	Ä	T	M	K	L	E	I	S	T	E	R

Zauberwort ....

Diese Wörter sind versteckt:

Zeit	Kleister	Stein	Reiter	Reise	Schneider
Seide	Kleider	Weide	Seite	Meister	Teich
Pfeil	Teil	Weizen	Reihe	Leiter	
Scheibe	Wein	Geister	Seil		

FRESCH für den Anfangsunterricht • 33

Kapitel 3 • Lesen 4

Kinkerlitz und Watteweich spielen „Echolesen". Das könnt ihr auch, immer zu zweit oder in zwei Gruppen. Entscheidet, wer Kinkerlitz ist und wer Watteweich.

Kinkerlitz **Watteweich**

Gur ken kin der ⟶⟵ Re gen fin der

Se gel na sen ⟶⟵ Ne bel ha sen

Feu er ber ge ⟶⟵ Ap fel zwer ge

Nu del ga beln ⟶⟵ Kin der fa beln

Kin der lu pe ⟶⟵ Rie sen hu pe

Zau ber stein ⟶⟵ En ten bein

Re gen geis ter ⟶⟵ Ma ler kleis ter

**Hier passt ein Wort nicht in die Reihe – die Geister haben es hineingeschmuggelt.
Findest du es? Dann male es an.**

eins   zwei   drei   hier

blau   gelb   rot   vier

Pe ter   An ton   Jo nas   Zie ge
Li sa   Sa ra   Lau ra   Flie ge

Burg   Kir sche   Schloss   Haus
Ap fel   Bir ne   Pflau me   Maus

Blu se   Man tel   Knopf   Ho se
Nel ke   Topf   As ter   Ro se

Kapitel 3 • Schreiben 1

Was ist denn hier los? So ein Schabernack! Da musst du wieder Ordnung machen.

Aber was passt zu wem? Verbinde ein Wort mit einer Zahl mit einem Wort mit einem Buchstaben, z.B:

1 Ba de tuch   a Kä......e......o......e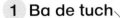

2 A mei se   b ......o......o......au......e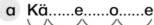

3 Kä se bro te   c ......a......e......u......e

4 Last wa gen   d ......e......e......o......e......

5 Mo tor hau be   e **B**...**a.d**...**e.t**...**u.ch**...

6 Gar ten blu me   f A......ei......e

7 Re gen bo gen   g ......a......a......e......

8 Mar me la de   h ......i......e......eu......e......

9 Tin ten teu fel   i ......i......e......ie......e......

10 Mor gen rot   j ......a......e......a......e

11 Fe der wol ken   k ......o......e......o......

12 Kin der lie der   l ......e......e......o......e......

FRESCH für den Anfangsunterricht • 35

Kapitel 3 • Schreiben 2

Kinkerlitz hat Wörter gesammelt mit der zweiten Silbe **-ge**.
Schreibe sie in die Lücke und male sie **rot** an.
Watteweich hat Wörter gesammelt mit der zweiten Silbe **-be**.
Schreibe sie in die Lücke und male sie **grün** an. Manchmal kannst du beide Silben anhängen!

Wan __   Zie __   Lau __   Far __

Wie __   Auf ga __   Wo __   Lie __

Scher __   Stan __   Nar __   Tu __

Pro __   Lie __   Schrau __   Sie __

Lun __   Buch sta __ Sil __

Gru __   Schwin __   Glau __

**Versucht nun, die Wörter zu lesen, ohne euch zu versprechen.
Wer schafft es ohne Fehler?**

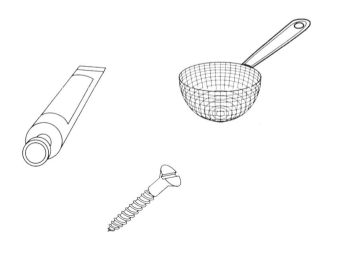
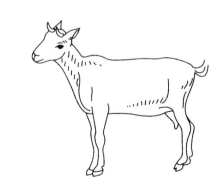

FRESCH für den Anfangsunterricht • 36

Kapitel 3 • Schreiben 3

Ratet, was es heute zum Mittagessen gibt und schreibt es unter den Teller.

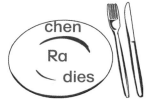

....

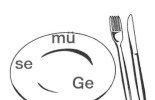
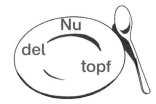
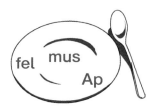

....

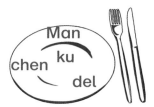

....

....

FRESCH für den Anfangsunterricht

Kapitel 3 • Schreiben 4

Kinkerlitz und Watteweich haben au-Wörter und eu-Wörter versteckt. Kreise die Wörter ein und schreibe sie unten auf die Linien:

L	E	U	T	E	O	R	H	A	U	S	T
X	H	E	U	L	S	U	S	E	Ä	N	L
M	B	A	U	E	R	K	E	U	L	E	Ö
D	A	U	M	E	N	D	G	P	F	A	U
P	F	R	E	U	D	E	J	M	A	U	S
Z	A	U	B	E	R	Z	E	U	G	N	Ü
O	S	C	H	E	U	N	E	Z	E	N	Ä
T	E	U	F	E	L	P	T	A	U	F	E
Ä	O	S	C	H	A	U	K	E	L	Y	V
J	T	M	I	Q	F	R	E	U	N	D	E

8-mal au-Wörter

1 ....
2 ....
3 ....
4 ....
5 ....
6 ....
7 ....
8 ....

8-mal eu-Wörter

1 ....
2 ....
3 ....
4 ....
5 ....
6 ....
7 ....
8 ....

Hilfe! Hier sind „au" und „eu" verschwunden. Schreibe die Zwielaute richtig in die Wörter:

H__s		T__fel		P__ke		t__er

   B__er		Z__be rer	B__le		n__n

D__men		Fr__n de		L__be		h__te

T__cher		Fr__de		Tr__be		K__le		n__

FRESCH für den Anfangsunterricht • 38

Kapitel 3 • Spiel- und Rätselspaß 1

Das Gespensterspiel

Anzahl der Spieler: 2–4
1 Würfel
Spielfiguren: 2–4
Spieldauer: ca. 15 Minuten

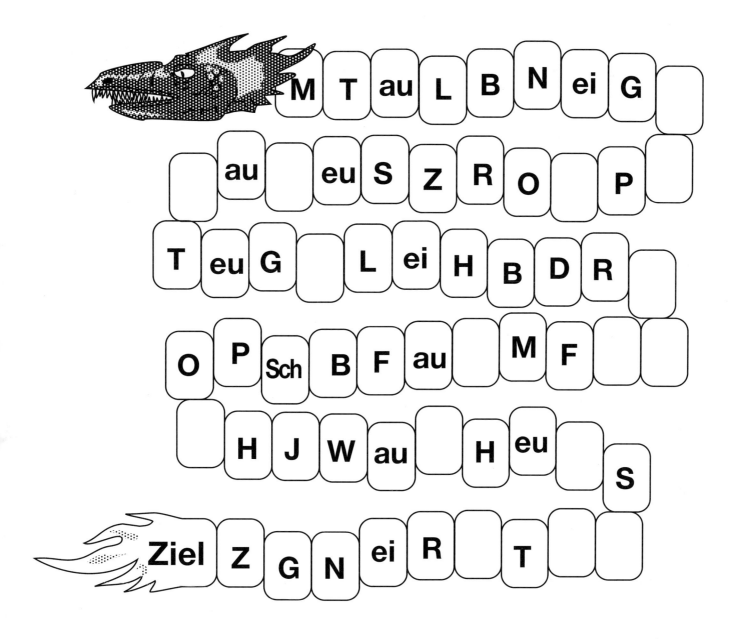

So geht's:

Der Spieler, der zuerst eine 1 würfelt, fängt an. Wer mit seiner Spielfigur auf ein Buchstabenfeld kommt, muss ein Wort mit dem entsprechenden Buchstaben finden und es schwingen. Zum Beispiel G = Gabel oder Gans. Wem kein Wort einfällt, lässt sich eines sagen und muss so viele Felder zurückgehen, wie das Wort Silben hat. Bei „Gans" also 1 Feld zurück. Sieger ist, wer zuerst genau im Ziel ist.

Kapitel 3 • Spiel- und Rätselspaß 2

Das Hoch-Tief-Spiel

Dieses Spiel hat Klapperwilli erfunden. Es spielt die ganze Klasse. Alle stehen auf. Ein Kind beginnt und nennt einen Gegenstand aus dem Klassenzimmer. Es kann aber auch ein Gegenstand zu einem Oberbegriff sein, z.B.

- etwas, das man essen kann,
- etwas, das fliegen kann,
- etwas, das schwerer ist als ein Käfer ...

Hat das Wort 1 Silbe, steigen alle Kinder auf den Stuhl,
hat das Wort 2 Silben, krabbeln alle unter den Tisch,
hat das Wort 3 Silben, steigen alle auf den Tisch,
hat das Wort 4 Silben, laufen alle um den Stuhl herum.

Das Ba-Be-Bie-Bo-Bu-Spiel

Ein Kind zieht eine Silbenkarte und liest die Silbe vor. Wer ein Wort weiß, das mit dieser Silbe beginnt, ruft es, und schwingt es und darf danach ein Silbenkärtchen ziehen.

Ba	Be	Bie	Bo	Bu	Da
Du	Ga	Ha	Ho	Ja	Jo
Ka	Kie	Ku	La	Lu	Ma
Me	Mie	Mo	Mu	Na	Nu
Pa	Pe	Pu	Qua	Ra	Re
Rei	Ro	Rie	Sa	So	Sei
Scha	Ta	Teu	Wa	Wie	Za

FRESCH für den Anfangsunterricht • 40

Kapitel 4 • Fortsetzungsgeschichte Teil 4

Der unheimliche Fremde auf der Quaddelburg

Als Graf Schlotterbacke am Dienstagmorgen auf der Schlosszinne aufwachte, wunderte er sich zwar, wie er dort hingekommen war. Aber er war auch schon in seiner Badewanne und in seiner Speisekammer aufgewacht, weil er nachts bei Vollmond manchmal schlafwandelte. Brummend wankte er in die Bibliothek. Frau Bienchen stopfte am Dienstag die dunkelblauen Hemden, Hosen und Umhänge von Graf Schlotterbacke in die Waschmaschine und freute sich, dass sie auch nach der Wäsche ihre frische Farbe behalten hatten. Sie wunderte sich nur, dass der Korb leer war, in dem sie immer dem Grafen das Frühstück brachte. Aber sie dachte, dass der Graf sich sein Frühstück schon herausgenommen hatte. Sie hatte die Mäuschen nicht gesehen, die vor 2 Minuten aus dem Korb gesprungen waren und gerade Brot, Butter und Marmelade im Küchenregal verspeisten ... Graf Schlotterbacke hatte heute leichte Rückenschmerzen von der Nacht auf der Dachzinne und lag nun gemütlich auf dem Sofa. Er war ziemlich müde und deshalb las er auch nicht in seinen Zauberbüchern. Die Gespenster guckten durch die Schlüssellöcher und waren tief enttäuscht. Sollte all die Mühe, die sie sich gegeben hatten, umsonst gewesen sein? Urplötzlich ertönte ein lautes, dröhnendes Trommeln, Rumpeln und Donnern, das die Burgmauern zittern ließ. Dann schallte ein schrecklicher Schrei aus der Küche. Die Gespenster schossen durch die Schlüssellöcher nach unten und wurden noch weißer vor Schreck: Am Boden lag ohnmächtig Frau Bienchen. Auf dem Herd stand der große Topf, in dem sie dienstags immer Möhrensuppe kochte. Aber diesmal brodelten und knallten giftgrüne Blasen darin, und der aufsteigende Dampf formte sich zu langen grünen Armen und Fingern, die nach allen Seiten griffen. Die Gespenster hatten noch keinen Atem geschöpft, als ein grässlich kreischender, quietschender Ton die Luft zerriss, so als kratzten scharfe Fingernägel über ein Blech. Diesmal kam das Geräusch aus der Bibliothek. Wieder schossen die Gespenster durch die Schlüssellöcher, aber diesmal nach oben. Dort bot sich ihnen ein furchterregender Anblick: Graf Schlotterbacke saß schlotternd – was zu seinem Namen passte – mit gelbgrauem Gesicht senkrecht auf dem Sofa. Die Ritterrüstungen seiner Vorfahren waren wie von einer scharfen Säge gespalten und liefen leer und ohne Kopf wie rostige Monster durch den Raum. Dabei stieg dieser schrille Ton aus ihrem Innern, der das Blut in den Adern gefrieren ließ. Gespenster haben ja kein Blut. Aber sie waren reglos vor Entsetzen und schauten sich an: WER WAR DAS?

Kapitel 4 • Lesen 1

Was Menschen alles können: Bilde Tunwörter mit der passenden Endung und lies; z.B. wie-gen, bie-gen ...

Anfangssilben								**Endsilbe**
a wie-	bie-	wa-	le-	sa-	mö-	sin-	fra-	1 -den
b heu-	ho-	schie-	schä-	hei-	tei-			2 -gen
c ba-	re-							3 -len
d ha-	to-	lie-	lo-	ge-	rei-			4 -ken
e trin-	win-	schwan-	sin-	dan-	den-			5 -ben
f wer-	dür-	schlür-	ru-	rau-	lau-			6 -sen
g le-	ra-	lo-	schmu-					7 -fen
h at-	träu-	schäu-	aufräu-					8 -pen
i wei-	schei-	bräu-						9 -men
j hu-	pum-							10 -nen
k ra-	be-	bie-						11 -zen
l rei-	sal-	schnal-	wäl-					12 -hen
m se-	ge-	ste-						13 -ten

FRESCH für den Anfangsunterricht

Kapitel 4 • Lesen 2

Watteweich findet eine Regel:
Lange Selbstklinger haben einen Platz im Silbenboot,
kurze Selbstklinger haben einen Stopper!
Lies die Wörter deutlich, z.B. die mit **„langem a"** wie **Maaaa de,** und
die mit **„kurzem a"** mit Stopper: Mat te. Male die doppelten Mitlaute
an.

„langes" a	„kurzes" a	„langes" e	„kurzes" e
Ma de	Mat te	Be sen	bes ser
Ha se	has sen	be ten	Bet ten
Ha ken	Hac ke	De gen	Dec kel
Fa bel	Fac kel	E sel	es sen
wa ten	Wat te	Ke gel	Ket te

„langes" ie	„kurzes" i	„langes" o	„kurzes" o
bie ten	bit ten	O fen	of fen
Gie bel	Git ter	lo ben	loc ker
Mie ter	Mit te	Ro se	Ros se
Rie gel	Rit ter	Wo ge	Wol le
Wie se	wis sen	Scho te	Schot ter

FRESCH für den Anfangsunterricht • 43

Kapitel 4 • Lesen 3

Lies und male die Reimwortpaare in der gleichen Farbe oder mit gleichem Muster an. Ein Wort reimt sich nicht.

But ter	Wel le	Him mel

Schim mel	 Fut ter	Kel le

Tas se

Wol le	Mat te	Schnal le

Rat te · Knol le

Fal le	Wet te	Map pe

Ket te

Kap pe · Ret ter

Was ser · Ton ne · Sup pe

Pup pe	Wet ter	Kan ne

Rüs sel	Son ne	Klas se

Hammer

Schlüs sel

Bis sen · Wan ne ·  Kis sen

Dieses Wort reimt sich nicht:

Kapitel 4 • Lesen 4

Schau dir 1 Minute lang die 12 Bilder an. Decke sie ab. Kreuze unten an, was du auf den Bildern gesehen hast!

 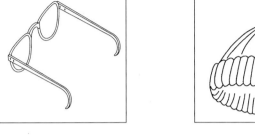 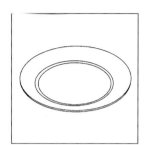

 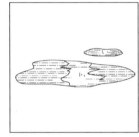 

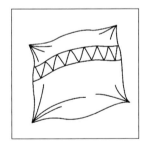  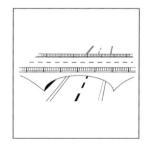

Was hast du dir gemerkt? Kreuze an: ☒

Müt ze	☐	Tel ler	☐	Rat te	☐	Was ser	☐
Sup pe	☐	Mes ser	☐	Löf fel	☐	Tas se	☐
Bril le	☐	Kof fer	☐	Pfüt ze	☐	Dec kel	☐
Pup pe	☐	Waf fel	☐	Blit ze	☐	Kis sen	☐
Schnul ler	☐	Pfan ne	☐	Kam mer	☐	Tan ne	☐
Dac kel	☐	Schim mel	☐	Brüc ke	☐	Rüs sel	☐

FRESCH für den Anfangsunterricht • 45

Kapitel 4 • Schreiben 1

Watteweich hat gesammelt, was Gespenster alles können.
Schreibe die Tunwörter auf und markiere den Stopper in der
1. Silbe und den gleichen Anfangsbuchstaben in der zweiten Silbe: **n n**

knül-   knal-   brül-

(-len)

fal-   fül

....
....
....
....
....

küs-   mes-

(-sen)

pas-   las-   fas-

....
....
....
....
....

ren-   flen-   bren-

(-nen)

ken-   tren-

....
....
....
....
....

hof-   tref-   gaf-

(-fen)

schaf-   puf-

....
....
....
....
....

FRESCH für den Anfangsunterricht

Kapitel 4 • Schreiben 2

Kinkerlitz und Watteweich haben Langeweile. Sie spielen Wörter-Mix und finden lustige Kombinationen; z.B. **Gum mi + Qual len** = **Gum mi qual len**. Schreibe deine eigenen Mix-Wörter auf.

Gum mi

Gum mi kel ler
Gum mi na se
....
....
....

Spa get ti

Spa get ti rol ler
....
....
....
....

Qual len

....
....
....
....
....

Na se

Na sen wol ke
....
....
....
....

Rol ler

....
....
....
....
....

Wol ke

....
....
....
....
....

Kel ler

....
....
....
....

Tor te

....
....
....
....

Au to

....
....
....
....

Kapitel 4 • Schreiben 3

Kinkerlitz und Watteweich haben herausgefunden, dass hier der Stopper kein k ist; er wurde in ein c verzaubert:

Zac ke

Schreibe die ck-Wörter zu den passenden Bildern:

Dec ke	Wec ker	Schnec ke
Heu schrec ke	Bac ke	Zuc ker
Buc kel	Müc ke	Brüc ke
Dec kel	Lüc ke	Bäc ker

....

....

....

....

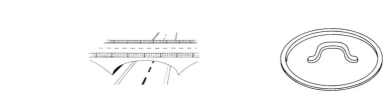

....

Kapitel 4 • Schreiben 4

Watteweich findet etwas heraus: Der Stopper ist hier ein **t**, gezaubert aus einem **z**: also **nicht** Kaz ze, sondern Kat ze!

Schreibe die Wörter einzeln in die Schwungbogen.
Jedes Wort beginnt mit einem großen Buchstaben!

Blitzeglatzefratzehitzeklötzemützepfütze-ritzespatzenspitzestützewitze

Blit ze

Setze hier die richtigen Selbstklinger ein: 3x a, 5x i, 1x ö, 3x ü

Sp__t ze   W__t ze   M__t ze   Bl__t ze

Kl__t ze   Pf__t ze   Sp__t zen   H__t ze

St__t ze   R__t ze   Gl__t ze   Fr__t ze

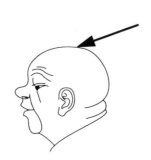
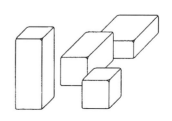

FRESCH für den Anfangsunterricht • 49

Kapitel 4 • Spiel- und Rätselspaß 1

1 Was gibt es zum Mittagessen?

Die Kinder sitzen im Stuhlkreis, ein Platz ist frei. Das Kind rechts neben dem freien Platz sagt zuerst, was es zum Mittagessen gibt, z.B. „Brat wurst". Bei „Brat"- rückt es auf den leeren Stuhl weiter; das folgende Kind sagt: „-wurst" und rückt daneben. Nun sagt das nächste Kind, was es zum Mittagessen gibt: To ma ten sa lat, Kar tof fel sup pe ...

2 Was Hugo mag

Alle Kinder sitzen im Stuhlkreis. Es wird mit dem Buchstabenwürfel gewürfelt (oder einer sagt stumm das Abc auf oder zeigt auf die Anlauttabelle). Bei „H": Wer kann zuerst einen Namen mit „H" finden und wer ergänzt, was das Kind mag, z.B. Hugo mag Hasen – oder Hanna mag hopsen ...

3 Arche Noah

Die (kopierten und laminierten) Wortkarten (der folgenden Seite) werden an die Kinder verteilt. Ein Kind nennt sein Wort, ein anderes fügt einen Tiernamen hinzu. Beide Kinder schwingen das neu entstandene Wort, z.B.: Beutel + Hamster = Beu tel hams ter oder Beutel + Ratte = Beu tel rat te. Wenn es das Tier wirklich gibt, rufen alle „Arche Noah"! Die Kopierkarten für das Arche Noah-Spiel können auch als Schreibspiel verwendet werden und mit eigenen Vorschlägen ergänzt werden!

4 Klatschspiel

Mül lers Max geht in den Gar ten,

wo die fet ten Schnec ken war ten.

Das wird Max nie wie der wa gen,

denn ei ne schlüpft ihm in den Kra gen!

Igittigittigitt ...

(Alle sprechen und klatschen im Silbenrhythmus und rufen Igitt!)

Kapitel 4 • Spiel- und Rätselspaß 2

Kopierkarten für das Arche Noah-Spiel

Spielkarten		Lösungskarten
Beu tel	Rat te	Beu tel rat te
War zen	Schwein	War zen schwein
Heu	Schrec ke	Heu schrec ke
Gold	Hams ter	Gold hams ter
Buc kel	Wal	Buc kel wal
Feu er	Krö te	Feu er krö te
Zaun	Kö nig	Zaun kö nig
Wild	En te	Wild en te
Rin gel	Tau be	Ring el tau be
Schlei er	Eu le	Schlei er eu le

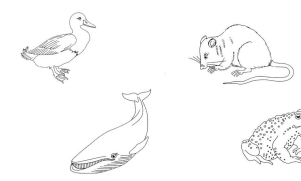
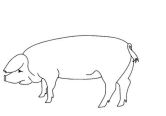

FRESCH für den Anfangsunterricht • 51

Kapitel 5 • Fortsetzungsgeschichte Teil 5

Schreckgespenst – der neue Gast

„HA! Das war doch mal ein pfiffiger, pfaffiger, pfuffiger Spuk mit ordentlichem Knall-Bumm!" klang eine trockene Gespensterstimme durchs Burggemäuer. Die Gespenster zuckten zusammen. Sie hockten gerade mit Direktor Eulenhut im Turmzimmer auf Graf Schlotterbackes Waffentruhe und schauten sich an: WAS WAR DAS FÜR EINE STIMME? Da flog auch schon krachend die Tür auf, und vor ihnen stand ein großes, dürres, fremdes Gespenst. Sein Gewand hing wie Spinnwebenfetzen an ihm und hatte überall Löcher und Risse. Seine Augen glühten wie rote Lava und sein Mund war ein tiefes schwarzes Loch ohne Zähne. „HA!" brüllte es noch einmal und schaute mit Vergnügen auf die erschrockene Gespensterschar. Dann fuhr es mit überraschend freundlicher Stimme fort: „Ich bin Siggi Schlabberlappen, genannt Schlabbi, ein sogenanntes Schreckgespenst. Ich reise von einer Burg zur anderen und bringe wieder Leben in die alten Mauern!" Nach diesen Worten zischte Schlabbi wie eine Rakete einmal um den Ostturm und brachte die Augen der Gespensterklasse 2 zum Leuchten. „Ich finde, es wird Zeit, auf der Quaddelburg wieder für etwas Aufregung zu sorgen!" fuhr Schlabbi fort. „Herr Direktor Eulenhut", sagte er nun feierlich, „Sie haben 500 Jahre lang gute Arbeit mit vielen Gespensterklassen geleistet – jetzt dürfen Sie sich wohlverdient zur Ruhe setzen, ewige Ferien machen und sich nicht mehr den Geisterkopf über Streiche zerbrechen." Dabei verbeugte er sich mehrmals und wedelte mit seinem Fetzengewand. Für Sekunden waren alle viel zu überrascht, um etwas zu sagen. Dann verstanden die Gespenster – ihr Direktor würde aufhören zu arbeiten und sich erholen können. Kein Ärger mehr mit Streichen, die niemanden erschreckten! Die Gespenster fingen an zu klatschen und zu johlen – so ausgelassen waren sie schon lange nicht mehr gewesen. Sie setzten Gespensterdirektor Eulenhut auf die Waffentruhe wie auf einen Thron und ließen ihn quietschend hochleben, was ungefähr so klang, als würde eine ungeölte Falltür auf und zu gemacht. Wenn ein Gespenst Freudentränen weinen könnte, hätte Eulenhut das jetzt getan. So aber rasselte er glücklich mit seinem Schlüsselbund und nickte allen dankend zu. Als sich die Gesellschaft etwas beruhigt hatte, fragte Klapperwilli: „Und was wird mit **uns**, Herr Schlabbi?" „Ab jetzt gibt es jeden Tag neue Unterrichtsfächer!" antwortete er. „Auch Gespenster müssen sich schließlich den modernen Zeiten anpassen."

Kapitel 5 • Lesen 1

**Kinkerlitz und Watteweich erfinden Unsinn-Reime.
Verbinde Sinn- und Unsinn-Wort, z.B. Wol le – Mol le**

Wit ze   Pul li   Kas se   Rat te

Knil le   Tul li

Fit ze   Wac ke   Mel ler   Pfüt ze

Rit ter   Nup pe   Bat ten   Puf fer

Tel ler   Küt ze   Zan ne

Bril le   Pit ter   Jac ke

Wan ne   Nat zen   Pup pe

Luf fer   Spat zen

Schas se   Pat te   Schat ten

FRESCH für den Anfangsunterricht • 53

Kapitel 5 • Lesen 2

Nur ein Satz und ein Bild passen zusammen. Verbinde!

Ben ni kauft ei ne Me lo ne.

Ben ni klaut ei ne Me lo ne.

Ben ni kaut ei ne Me lo ne.

Fran ka füt tert Ho sen.

Fran ka fürch tet Ha sen.

Fran ka füt tert Ha sen.

In der Luft lie gen Sit ze.

In der Luft flie gen Sit ze.

In der Luft flie gen Spat zen.

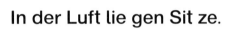 

Kreuze das richtige Wort an:

To na te ☐	Ka rot ta ☐	Spa git ti ☐
Ta ma te ☐	Ka rot te ☐	Spi gat ti ☐
To ma te ☐	Ko rot te ☐	Spa get ti ☐
Ge mü so ☐	La krat ze ☐	But ter brat ☐
Gü me se ☐	La krit ze ☐	Bot ter brat ☐
Ge mü se ☐	Li krat ze ☐	But ter brot ☐
Kar tof fal ☐	Scho ka la de ☐	Na del sap pe ☐
Kar tof fel ☐	Scho ko la de ☐	Nu del sup pe ☐

Kapitel 5 • Lesen 3

Nicht alle Kinder mögen das gleiche.

Male, was du magst ☺

Male, was du nicht magst ☹

ren nen ○	sum men ○	klet tern ○	krab beln ○
bac ken ○	spuc ken ○	wet ten ○	es sen ○
schmat zen ○	glot zen ○	fal len ○	mec kern ○
kul lern ○	bel len ○	klec kern ○	brum men ○
sprit zen ○	knac ken ○	trom meln ○	brül len ○
schwim men ○	schwit zen ○	wac keln ○	schlep pen ○
zwic ken ○	lec ken ○	zit tern ○	

Kinkerlitz und Watteweich spielen Verstecken. Dazu haben sie Auszählverse gereimt. Lest die Verse, lernt sie auswendig und – spielt Verstecken!

Pan ne, man ne, Was ser kan ne,
O pa hat 'ne Au to pan ne,
al le müs sen lau fen,
dür fen sich was kau fen,
Zuc ker wat te, Dat tel brei,
dies mal bist du frei.

Müm mel, Müm mel,
so ein Lüm mel,
wirft den Küm mel
in den Him mel,
zählt da nach bis drei,
und du bist frei!

Kapitel 5 • Lesen 4

Stimmt das?

	ja	nein
Ei ne Lach mö we kann la chen.	☐	☐
Ei ne Klap per schlan ge kann klap pern.	☐	☐
Ei ne Li bel le kann bel len.	☐	☐
Ei ne Wein berg schnec ke kann wei nen.	☐	☐
Ei ne Kel ler as sel kann ras seln.	☐	☐
Ein Klet ter af fe kann klet tern.	☐	☐
Ein Wac kel pud ding kann wac keln.	☐	☐
Ein Trom mel fell kann trom meln.	☐	☐

Hier stimmt nicht alles, aber alles reimt sich!
Schreibe in die Lücken, was die Tiere tun!

die Af fen g...............   die Kat zen kr...............

die Zie gen fl...............   die Fin ken tr...............

die Wan zen t...............   die Schlan gen f...............

die Eu len h...............   die Spat zen schm...............

die Nat tern schn...............   die Mei sen sp...............

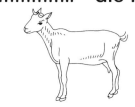

Kapitel 5 • Schreiben 1

Ergänze die tz-Wörter und ck-Wörter und male das Bild dazu in die Kästchen!

Male ein Schnit.......... das	Male zwei Klöt............ die ....
Male zwei Blit........... die	Male zwei Müt............ die ....
Male die Bac........rot an die	Male einen Dec.......... die ....
Male einen Wec.......... der	Male einen Dac.......... der ....

| ze | zel | ze | zen | ker | kel | ken | kel |

FRESCH für den Anfangsunterricht • 57

Kapitel 5 • Schreiben 2

Setze die Silben passend zusammen. Watteweich kennt
einen Trick: der Stopper der 1. Silbe ist immer der gleiche Buchstabe
wie der Anfang der 2. Silbe!

Bag	mel	der	....
Was	pe	das	....
Him	ser	der	....
Pfan	ger	die	....
Pup	del	die	....
Eb	ne	die	....
Pad	be	das	....
Kof	fer	der	....
Bar	ter	der	....
Fut	ren	das	....

Hier sind es ck-Wörter:

Schnec......... Rüc......... Dac.........

lec......... bac.........

Hier sind es tz-Wörter:

Kat......... Hit.........

Pfüt......... Müt.........

Kapitel 5 • Schreiben 3

Watteweich und Kinkerlitz haben die Kinder gefragt, was sie sammeln. Ob das alles stimmt? Alles nach dem Abc!

An na sammelt A ....

Bi bi sammelt ....

Cars ten sammelt ....

Den nis sammelt ....

E mil sammelt ....

Finn sammelt ....

Gus ti sammelt ....

Han nes sammelt ....

In ga sammelt ....

Jo nas sammelt ....

Kar la sammelt ....

Li nus sammelt L ....

Mo ni sammelt ....

Na na sammelt ....

Ol li sammelt ....

Paul sammelt ....

Quit ta sammelt ....

Ron ni sammelt ....

Sel ma sammelt ....

Tim sammelt ....

Ul li sammelt ....

Vic ki sammelt ....

Win ni sammelt ....

Zi ta sammelt ....

U fos	Jac ken	Ot ter	Vet tern	
Schlüs sel	Müc ken	Büf fel	CDs	Af fen
Dat teln	Knal ler	Pan tof feln	El fen	
Git ter	Löf fel	Nüs se	Fac keln	In seln	Wol le
Hüt ten	Tun nel	Qual len	Zet tel	Ras seln	

FRESCH für den Anfangsunterricht • 59

Kapitel 5 • Schreiben 4

Male die Silbenbogen unter die Wörter. Markiere den Stopper und den folgenden Buchstaben in der nächsten Silbe:
Jam mer lap pen

Li bel le

Klet ter af fe

Was ser quel le

Wol ken him mel

Kel ler tü ren

Wat te ku gel

Son nen schirm

Schul klas se

Ei sen pfan ne

Re gen wet ter

Som mer pul li

Sil ber ket te

Se gel schif fe

Kof fer grif fe

Kar tof fel

Schlec ker maul

Zuc ker hut

Milch kan ne

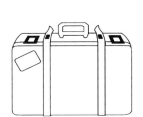

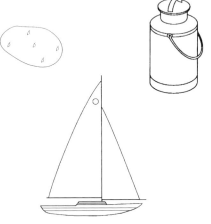

Schreibe eigene Kombis so wie Kinkerlitz:

Kel ler maul

....

....

....

Zuc ker wol ken

....

....

....

FRESCH für den Anfangsunterricht • 60

Kapitel 5 • Spiel- und Rätselspaß 1

Finde lustige Fragen und schreibe sie auf.

| Hast du .... gemalt? | Hast du .... gehört? | Hast du .... gesehen? |

| Hast du .... geworfen? | .... noch nie .... gebaut? | .... schon oft .... gegessen? |

| Hast du .... gekauft? | Hast du .... gekocht? | .... ab und zu .... gebacken? |

Katzenfutter   Spagetti   zwei Socken

noch nie   einen Zuckerkuchen   eine Klammer

Karotten   schon oft   ein Kissen   ab und zu

Pudding   schon einmal   Wassermelonen

Kaugummi   Lakritze   Pfefferkörner   eine Glocke

FRESCH für den Anfangsunterricht

Kapitel 5 • Spiel- und Rätselspaß 2

Kinkerlitz hat euch ein kniffeliges Tabellenrätsel aufgemalt.
Alle Wörter haben 3 Silben. Schreibt die Lösungen in die Silbenbögen.

	A	B	C
1	Wet	Eis	ser
2	klöt	ter	napf
3	te	Was	frosch
4	Fut	ket	Bau
5	glas	Kel	stich
6	ler	ze	Tür
7	waf	ter	maus
8	schlös	müt	Gold
9	Schlaf	Müc	ze
10	ken	ser	fel

1A2B3C   1B7A10C   8C4B3A   3B1C5A   4A7B2C

4C2A6B   5B6A7C   6C8A10B   9A8B9C   9B10A5C

FRESCH für den Anfangsunterricht • 62

Kapitel 6 • Fortsetzungsgeschichte Teil 6

Üben, üben, üben

„Heute Nacht, Schlag 12 fangen wir an!" hatte Schlabbi gerufen, bevor er sich wie ein Kugelblitz mit Donnergebrüll vom Turm stürzte und im Nichts verschwand. Natürlich hatte keines der Gespenster mehr schlafen können. Alle hatten sehnlichst darauf gewartet, dass es Mitternacht wurde auf der Quaddelburg. Kinkerlitz spürte als erster den eisigen Lufthauch. Nun verbreiten Gespenster ja immer kalte Luftströme wenn sie fliegen. Dieser hier war aber besonders eisig. Er war kalt und scharf wie eine Messerklinge. Jetzt spürten auch die anderen die frostige Luft. Ihre Kleider wurden steif wie gefrorene Tücher auf einer winterlichen Wäscheleine. Und dann stand Schlabbi urplötzlich vor ihnen. In seinem Fetzengewand sah er aus wie eine Vogelscheuche aus Eiszapfen. „Die normale Kälte, die wir beim Fliegen verbreiten, können wir noch verstärken, indem wir tiefe Atemzüge durch den Mund ausstoßen", erklärte Schlabbi, „und das wollen wir jetzt üben." Er zeigte den Gespenstern, wie sie die Backen aufblasen mussten. Schon bald bildeten sich Eiskristalle an den Turmfenstern, obwohl es Juli war. Das Üben wollte kein Ende nehmen. Watteweich war schon ganz grau im Gesicht vor Erschöpfung. Schließlich gab Schlabbi ein Zeichen für eine kleine Unterbrechung. Er lobte sie für ihren Eifer und meinte: „Noch ein halbes Stündchen üben und ihr könnt alle Flüssigkeiten in eurer Nähe gefrieren lassen!" In der großen Pause gab es für alle eine Flasche Mondlicht – das trinken Gespenster besonders gern – und einen Energie-Riegel aus Sternschnuppen. Während sich alle stärkten, teilte Schlabbi den Stundenplan aus; darauf stand:

Frost- und Kältetechnik

Blutfarbenmischen

Arbeit am Geräusche-Computer

Explodierkunde

Schallfliegen

Verkleinerungstricks

Falltürbasteln und

Verschwindenskunst

Und schon ging es weiter. In der nächsten Stunde übten die Gespenster, wie sie aus allerlei rostigem Zeug, vor allem aus Nägeln und Gespensterspucke, eine Flüssigkeit herstellen konnten, die tiefrot wie Blut aussah. „Jetzt wird es Zeit, die Nacht ist bald vorbei. Wir wollen nun auf der Quaddelburg anwenden, was ihr gelernt habt!" verkündete Schlabbi. „Auf geht's! Zuerst zu Graf Schlotterbacke!"

FRESCH für den Anfangsunterricht • 63

Kapitel 6 • Lesen1

Setze die Buchstaben am linken Rand vor die Wörter und lies sie.

pl	au dern	an schen	a gen	at zen	
	a nen				
gl	än zen	au ben	ei chen	ück lich	
fl	ie gen	ach	ei ßig	ott	un kern
	au	ie ßen			
bl	a sen	ass	ei ben	au	ü hen
	ic ken	eich	ond		
kl	ein	in gen	et tern	a gen	
Pl	atz	an	at te	a ge	
Gl	at ze	as	oc ke	ück	
Fl	ö he	ec ken	oc ke	un der	
	a sche	ic ken			
Bl	a se	ech	u se	ei	u me
	it ze	ic ke			
Kl	ei der	ang	e ber	as se	

Kapitel 6 • Lesen 2

Lies die Wörter und male die Schwungbogen darunter:

Kur ze Wör ter:

Maus   Tisch   Saft   Bart   Hof   Milch

Tür

Lan ge Wör ter:

Sil ber do sen dec kel   Rin der le der gür tel

Win ter man tel kra gen   Mar me la den bro te

Lus ti ge Wör ter:

Schnec ken pan tof feln   Rau pen müt zen

Zie gen bürs ten   Flie gen bet ten   Wes pen ho se

Schwe re Wör ter:

Bo xer   Qual le   Strümp fe   Spring seil

Fer kel   Ma trat ze   Kir che   Quark   Strauch

Leich te Wör ter:

Son ne   Som mer   Win ter   Re gen   Eis

Au ge   Bac ke   Arm   Bein   Busch

Ze hen   Blu me   Gar ten   Sa lat   Bauch

Al ber ne Wör ter:

A mei sen löf fel   Lö wen zopf   Rau pen na se

Un sin ni ge Wör ter:

Sa ba lin ga Mo to fa sel   Re gi pam pel

Kapitel 6 • Lesen 3

Was hängt bei Kinkerlitz und Watteweich an der Angel? Male die Wörter in den genannten Farben an!

pr = **rot**
gr = **grün**
fr = **gelb**
br = **blau**
kr = **lila**

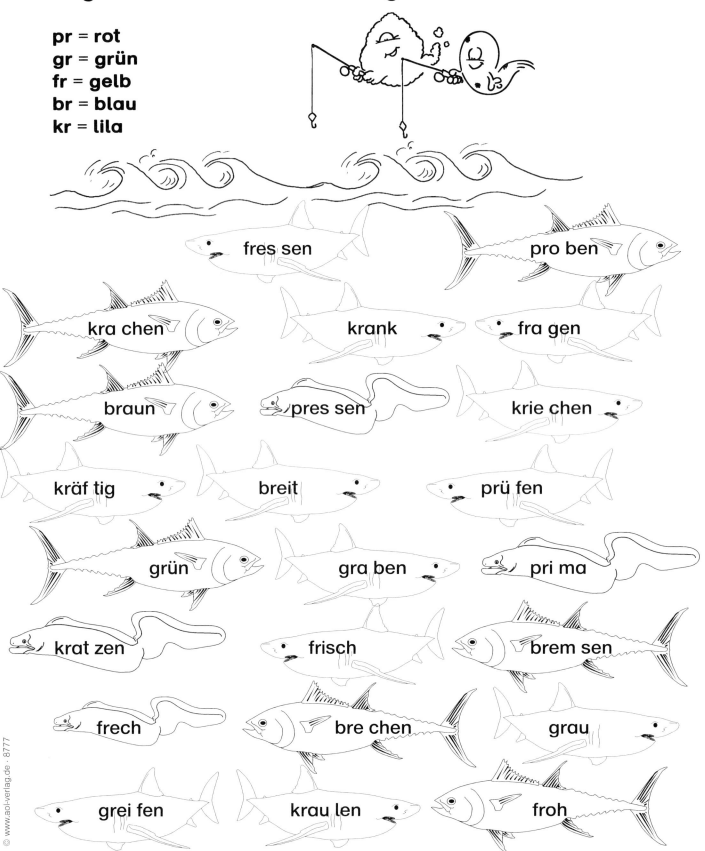

fres sen • pro ben • kra chen • krank • fra gen • braun • pres sen • krie chen • kräf tig • breit • prü fen • grün • gra ben • pri ma • krat zen • frisch • brem sen • frech • bre chen • grau • grei fen • krau len • froh

Kapitel 6 • Lesen 4

Kinkerlitz und Watteweich erinnern euch an eine Regel:
Wir **sprechen „schp"**, aber wir **schreiben sp**,
wir **sprechen „scht"**, aber wir **schreiben st**!

Male alle „sp" rot an und alle „st" grün.

Ste fan
Ste fan staunt
Ste fan staunt stumm
Ste fan staunt stumm ü ber den Ster nen him mel.

Spat zen
Spat zen sprin gen
Spat zen sprin gen nicht
Spat zen sprin gen nicht a ber spie len gern.

Spech te
Spech te spei sen
Spech te spei sen gern
Spech te spei sen gern mit spit zem Schna bel.

Pup pen stu ben

Kin der spiel

Stu ben hoc ker

Spiel platz

Win ter sport

Gar ten stuhl

Sport stie fel

Stuhl bei ne

Stink tier

Spei se karte

Tier stim me

Kar ten sta pel

FRESCH für den Anfangsunterricht • 67

Kapitel 6 • Schreiben 1

Was haben Kinkerlitz und Watteweich an die Wäscheleine gehängt? Schreibe es auf.

Bluse — Kleid — Strumpf — Glocke — Freund

....

....

Fülle die Sachen in den richtigen Wäschesack, schreibe sie hinein.

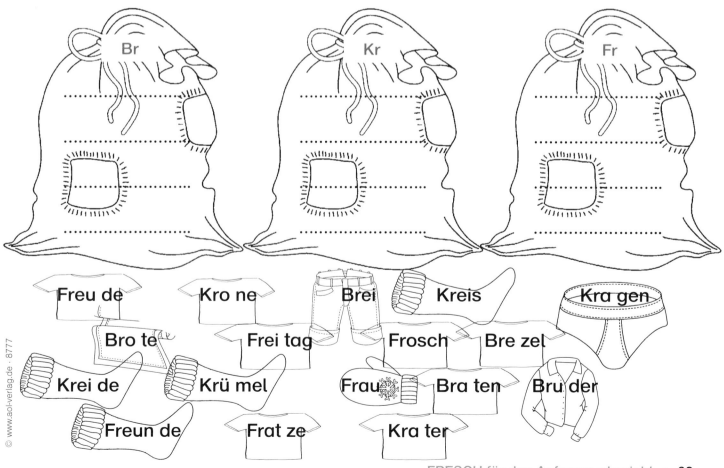

Kapitel 6 • Schreiben 2

Schreibe die Reime auf und vergiss die Schwungbögen nicht!

| Lat te | Tat ze | Floc ke | Ha se |
| Pl……… | Gl……… | Gl……… | Bl……… |

| Dach | Hut | Gras | Dec ken |
| Kr……… | Bl……… | Gl……… | Fl……… |

| Gang | Sup pe | Spatz | Rin ge |
| Kl……… | Gr……… | Pl……… | Kl……… |

Pech	Schaf	Reis	Lüc ke
Bl………	Schl………	Pr………	Br………
	Gr………	Kr………	

Setze die St- und Sp-Wörter zusammen:

Spie-   Stie-   Stan-   Spin-   Stim-   Stör-

Spei-   Span-   Strei-   Spat-

St
………………fel
………………me
………………fen
………………ge
………………che

Sp
………………gel
………………ne
………………se
………………zen
………………ge

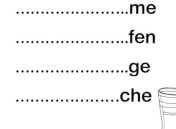

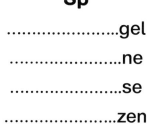

Kapitel 6 • Schreiben 3

Male die Silbenbögen unter die Wörter.
Die Zahl in den Klammern gibt dir die Anzahl der Silbenbögen an.
Schreibe die Wörter dann Silbe für Silbe in die vorgemalten Bögen.

Tierfreunde (3) Kaufhausdiebe (4)

Gartenliege (4) Spiegeltür (3)

Salatsieb (3) Ziegelsteine (4)

Bierglas (2) Ziegenbart (3)

Wiesenblumen (4) Fieber (2)

Tieflader (3) Siebengebirge (5)

Stier (1) Wiege (2)

Alle Wörter haben eine Gemeinsamkeit: ....

Kapitel 6 • Schreiben 4

Kinkerlitz und Watteweich machen wieder Unsinn.
Einmal fehlt der Anfangsbuchstabe der Wörter – und dann
der Schluss!

Setze den Anfang ein:	Setze den Schluss ein:	Setze den Anfang ein:	Setze den Schluss ein:
..............it te	M..............	..............ac ken	Z..............
..............on ne	S..............	..............ic kel	W..............
..............im mel	H..............	..............oc ke	L..............
..............of fer	K..............	..............at ze	T..............
..............as ser	W..............	..............um mer	Schl..............
..............uc kel	B..............	..............if fe	Sch..............
..............im me	St..............	..............ul ler	Schn..............
..............ec ker	W..............	..............ec ke	Str..............

Wörter fürs Reim-Memory auf Kärtchen schreiben und spielen:

Wat te	Plat te	Won ne	Ton ne	Röc ke	Böc ke
Kel ler	Tel ler	Pfan ne	Tan ne	Quit te	Schnit te
sit zen	schwit zen	ret ten	wet ten	ren nen	pen nen
las sen	pas sen	büc ken	schmüc ken	nic ken	blic ken

FRESCH für den Anfangsunterricht

Kapitel 6 • Spiel- und Rätselspaß 1

Kinkerlitz und Watteweich haben ein Spiel mit besonderen Lauten erfunden! Du brauchst einen Würfel und einen Spielstein und kannst es mit deinem Nachbarn oder zu dritt oder zu viert spielen. Wenn du auf ein Feld kommst mit

ä = springst du in die Luft,
ö = steigst du auf den Stuhl,
ü = stampfst du wie ein Elefant,
ei = hüpfst du wie ein Frosch,
au = läufst du einmal um den Stuhl.

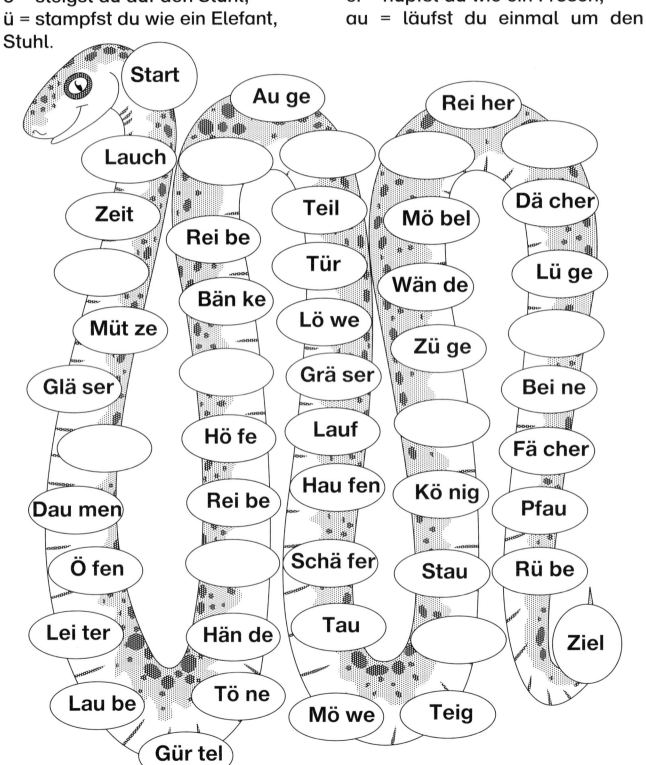

Kapitel 6 • Spiel- und Rätselspaß 2

Wo ist der rosa Regenwurm?
Finde lustige Kombinationen zum Lesen, Raten, Schreiben.

an	auf	bei	unter
in	am	zwi schen	hin ter
ne ben	vor	ü ber	im

Hal te stel le

Sup pen tel ler

Zuc ker do se

Haus schuh

Kar tof fel sack

Tank stel le

Teich

Blu men topf

Was ser glas

Post amt

Der 🐛 ist ....

Der 🐛 ist ....

Der 🐛 ist ....

Der 🐛 ist ....

Der 🐛 ist ....

FRESCH für den Anfangsunterricht • 73

Kapitel 7 • Fortsetzungsgeschichte Teil 7

Gespensterstunde auf der Quaddelburg

Nachdem Schlabbi das Startzeichen zum Spuken gegeben hatte, schlüpften alle durchs Schlüsselloch in Graf Schlotterbackes Schlafzimmer und bliesen die Backen auf. Bald war es so kalt, dass das Wasserglas, in dem Schlotterbackes Gebiss schwamm, einfror. Irgendwann wachte der Graf schlotternd vor Kälte auf. „Was zum Teufel ist hier los?" brüllte er. Seine Lippen waren tiefblau. Und dann sah er Wölkchen, der auf ein Zeichen von Schlabbi direkt auf den Grafen zu flog. „Was zum Teufel ist das?" brüllte Schlotterbacke zum zweiten Mal. Mehr konnte er nicht sagen. Denn Wölkchen blies ihm so eisige Luft ins Gesicht, dass Schlotterbackes Spucke im Mund sofort zu Eis gefror. Nun hätte eigentlich jeder erwartet, dass der Graf – sobald er wieder schlucken konnte – schreiend aus dem Zimmer lief. Stattdessen überzog ein glückliches Lächeln seine noch steifen Gesichtszüge. Er flüsterte vorsichtig, aber in tiefer Dankbarkeit, wie es schien: „G e s p e n s t e r! Auf meiner Quaddelburg gibt es Ge s p e n s t e r!!!" Schlabbi schien etwas verwirrt. Er konnte auch die Gespensterschüler nicht mehr zurückhalten, als sie eben, ganz nach Plan, Schlotterbackes Waschschüssel mit knallrotem Gespensterblut füllten. Schon eilte der Graf zur Schüssel und rollte begeistert über den blutigen Inhalt mit den Augen. „Ich habe immer gehofft", rief er fröhlich, „dass auf meiner Burg echte Gespenster leben. Das ist wirklich wundervoll! Tut mir den Gefallen und geht nie mehr fort von hier!" Schlabbi war ziemlich überrumpelt, und die Gespenster auch. Sie hatten sich Schreckensschreie, Zittern und aufgerissene Augen bei Graf Schlotterbacke vorgestellt – und nun das. „Na gut," knurrte Schlabbi nach einer Weile, „aber eins muss klar sein: Wir werden hier spuken, dass sich die Balken biegen!" Und alle waren damit höchst zufrieden. So endete die erste Übungsnacht mit dem Schreckgespenst in einem Tänzchen. Der Graf hatte Schlabbi und Klapperwilli am Ärmel gefasst und hopste laut singend mit den anderen Gespenstern durch sein Schlafgemach.

Kapitel 7 • Lesen 1

Kinkerlitz zaubert mit Strichelchen. Bei der Mehrzahl sind sie
da – bei der Einzahl sind sie weg!
Lies: viele Hände, hokuspokus, kommt von eine Hand

vie le Hän de   ho kus po kus   ei ne Hand

vie le Glä ser   ho kus po kus   ein Glas

vie le Nä gel   ho kus po kus   ein Na gel

vie le Bän ke   ho kus po kus   ei ne Bank

vie le Läm mer   ho kus po kus   ein Lamm

vie le Blät ter   ho kus po kus   ein Blatt

vie le Wäl der   ho kus po kus   ein Wald

Und umgekehrt wird aus:

ein Schrank   ho kus po kus   vie le Schrän ke

ein Kamm   ho kus po kus   vie le Käm me

ein Bart   ho kus po kus   vie le Bär te

ein Gast   ho kus po kus   vie le Gäs te

Aber:

ein Wa gen   kein ho kus po kus   vie le Wa gen
ein Tag   kein ho kus po kus   vie le Ta ge
ei ne Kat ze   kein ho kus po kus   vie le Kat zen
ein Schaf – vie le Schafe – aber: der Schä fer – ha, ha!

FRESCH für den Anfangsunterricht

Kapitel 7 • Lesen 2

Watteweich hat alle Wörter aneinandergeschrieben. Kannst du sie wieder mit Strichen trennen, z.B. so: Täfelchen/hüpfen/schön/... Male auch die Silbenbögen. Alle Wörter haben Strichelchen – ä oder ö oder ü.

SäcketäglichSäftemögenHöfe

TöneMückenlächeln

nähenÖfenTöpfeÄpfel

Wändedürfenmüssen

SchätzehöflichMützeLümmel

KübelKürbisRätsel

BäckerZöpfemöchteSchäferLüge

BügelschönRäderZügel

müdekönnenüberTürschälen

KönigTümpelLänderLöffel

Zähle die Wörter: ä = ☐   ö = ☐   ü = ☐

Kapitel 7 • Lesen 3

Kinkerlitz und Watteweich haben in jeden Satz ein Wort zu viel hineingemogelt. Streiche es durch, so:

Mäu se ~~klein~~ mö gen ger ne Kä se.
Kin der mö gen ~~dür fen~~ ger ne Spa get ti.

Mein Glas mit ist leer.

Mein Tel ler hat ist voll.

Es reg net aus dun kel den Wol ken.

Die Son ne scheint auf un ter die Wie se.

Die Schu le Leh rer ist aus.

Wir ha ben bald zwi schen Fe ri en.

O ma hat le sen ei ne Bril le auf der Na se.

O pa holt mir mich von der Schu le ab.

Mein Pa pa hat kann gut ko chen.

Wir müs sen lei der im mer gern auf räu men.

Ich ha be kann ein Bild ge malt.

Magst Bü cher du gern le sen?

Kannst Was ser du schon schwim men?

Hun de fres sen Zäh ne kei ne Schnec ken.

Kat zen trin ken Durst ger ne Milch.

FRESCH für den Anfangsunterricht • 77

Kapitel 7 • Lesen 4

Kinkerlitz und Watteweich kennen noch einen Zaubertrick:
Sie machen Wörter länger, wenn sie nicht wissen, wie sie am Ende
geschrieben werden! Lies und schwinge dabei die Silbenbögen!

mm

Lamm	viele	Läm mer
Kamm	viele	Käm me
Schwamm	viele	Schwäm me

ss

Fass	viele	Fäs ser
Ross	viele	Rös ser
Fluss	viele	Flüs se

tt

Blatt	viele	Blät ter
Bett	viele	Bet ten
Pott	viele	Pöt te

ll

Ball	viele	Bäl le
Null	viele	Nul len
Fell	viele	Fel le

ff

Griff	viele	Grif fe
Stoff	viele	Stof fe
Schiff	viele	Schif fe

ck

Fleck	viele	Flec ken
Stück	viele	Stüc ke
Sack	viele	Säc ke

tz

Witz	viele	Wit ze
Spatz	viele	Spat zen

Blitz	viele	Blit ze
Schatz	viele	Schät ze

FRESCH für den Anfangsunterricht • 78

Kapitel 7 • Schreiben 1

**Kinkerlitz und Watteweich habe die Silben vertauscht.
Kannst du sie in der richtigen Reihenfolge aufschreiben?**

ter Blät .... mer Läm ....

me Wär .... der Län ....

te Käl .... te Bär ....

te Säf .... ze Krän ....

me Stäm .... de Wän ....

der Wäl .... ke Schrän ....

ben Grä .... ser Grä ....

ne Schwä .... de Hän ....

gel Nä .... fel Äp ....

ker Bäc .... chen Lämp ....

zer Tän .... fer Schä ....

**Kannst du einige Wörter in der Einzahl aufschreiben?
Was passiert dann mit den Strichelchen?**

Blatt, ...

FRESCH für den Anfangsunterricht • 79

Kapitel 7 • Schreiben 2

Kinkerlitz und Watteweich machen aus au äu!
Finde die Rätselwörter – dann setze die fehlenden Buchstaben ein.

	Ein Dieb, der et was raubt	äu
	Um den Gar ten he rum sind	äu
	In der Nacht ha ben wir	äu
	Wenn ich lau fe, bin ich ein	äu
	Im Wald sind vie le	äu
	In der Stadt sind vie le	äu
	Wer et was kauft, ist ein	äu
	Ei ne He xe sam melt oft	äu
	Klei ne Tie re, die gern Speck fres sen	äu
	Ei ne klei ne Schau fel ist ein	äu
	Ei ne klei ne Schrau be ist ein	äu
	Ein klei ner Klaus ist ein	äu

FRESCH für den Anfangsunterricht

Kapitel 7 • Schreiben 3

Schreibe die verlängerten Wörter in die Schwungbögen!

Ein   Satz   stimmt.

Vie le ....

Ein   Un fall   ist   schlimm.

Vie le .... sind ....

Ei ne Lam pe   ist   hell.

Zwei .... sind ....

Rico   ist schnell.

Ke vin ist ....

Ein   Kind   rennt.

Vie le ....

Ein   Kind   wippt.

Vie le ....

Ein   Kind   schafft   es.

Vie le .... es.

Ein   Kind   summt.

Vie le ....

FRESCH für den Anfangsunterricht

Kapitel 7 • Schreiben 4

Kinkerlitz und Watteweich laden euch ein, mit ihnen ein Würfeldiktat zu spielen.

 Im Sup pen tel ler   si**tz**t ei ne Heu schrec ke.

 In der Nu**ss**   krab belt ein Wurm.

 In der Ba de wan ne   schwi**mm**t ei ne Sei fen en te.

 Un ten im Teich   schlum mert ein Scha**tz**.

 Im Schlo**ss**   hus tet ein Mons ter.

 Auf dem Turm   schwe**b**t ein Ge spenst.

Mache die folgenden Wörter länger:

Eine Nuss   viele ....

sie sitzt   viele ....

sie schwimmt   viele ....

ein Schatz   viele ....

ein Schloss   viele ....

es schwebt   viele ....

Kapitel 7 • Spiel- und Rätselspaß 1

Kinkerlitz und Watteweich haben in diesen Sätzen Körperteile versteckt. Findet ihr sie alle? Die Bilder helfen euch.

Ge**h an d**ers her um. ....

In der Bar mixt man Ge trän ke. ....

Ganz ne ben bei nascht er am Ku chen. ....

Geh rum und tei le die Hef te aus. ....

Schon lan ge sich ten wir ei ne In sel im Meer. ....

Han nes bohrt ein Loch in den Sand. ....

Er läuft ge nau ge gen den Wind. ....

Ei ne War ze hat doch je der. ....

Ist die Brüc ke nicht ge sperrt? ....

Ist die ser Zank noch end los? ....

Ist die Hei zung end lich warm? ....

Ich hab' auch ei ne Freun din. ....

Sie sank nie der auf ein Kis sen. ....

FRESCH für den Anfangsunterricht • 83

Kapitel 7 • Spiel- und Rätselspaß 2

Zahlen sind Buchstaben! Kinkerlitz und Watteweich haben die Selbstklinger in Zahlen vertauscht:

a = 1   e = 2   i = 3   o = 4   u = 5

Kannst du die Wörter lesen und richtig aufschreiben?

Lau ter Na men:

S1 b3 n2 =

M1 x3 m3 l3 1n =

C1r l4t t1 =

2 m3l =

Spiel sa chen

B1ll =

P5p p2 =

B15 k1s t2n =

Kr1n =

Fahr zeu ge

T1 x3 =

L1st w1 g2n =

4m n3 b5s =

M3 t3r r1d =

Ge trän ke:

S1ft =

K1 k1 4 =

M3lch =

Spr5 d2l =

L3 m4 n1 d2 =

Pflan zen:

Bl5 m2 =

B5sch =

Gr1s =

H2c k2 =

Schn3tt l15ch =

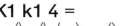

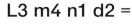

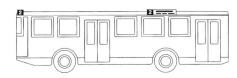

Kapitel 8 • Fortsetzungsgeschichte Teil 8

Spuken, dass sich die Balken biegen ...

Pünktlich wie in der vergangenen Nacht waren die Gespenster zum Unterricht erschienen. Wie Hühner auf der Stange hockten sie auf dem Holzbalken im Ostturm und warteten auf ihren Lehrer Schlabbi, das Schreckgespenst. Nachdem aber der letzte Glockenschlag verklungen war, herrschte Totenstille. Nichts geschah. Nichts Ungewöhnliches war zu hören, nichts zu sehen. Klapperwilli schluckte aufgeregt. Sollten sie wie gestern von Schlabbi erschreckt werden? Tatsächlich! Diesmal schoss er lärmend aus einer Mauerritze und rasselte mit seinen Ketten. Dann ertönte ein Knall, und Wolken von gelbem Stinknebel wirbelten durch das Turmzimmer. Schlabbi strahlte. „Das könnt ihr auch! Los geht's, wir üben weiter!" forderte er die Gespenster auf. In der nächsten Stunde kochten sie Stinknebel aus Mottenpulver und faulen Eiern, den sie in ihre Kleidertaschen füllten. Danach ging es weiter, ein Gewitter zu mixen aus Knallerbsen, Sargnägeln und Schießpulver, dass es nur so krachte. Drei oder vier Stunden schufteten die Gespenster, bastelten an Falltüren und arbeiteten an gurgelnden Geräuschen. Anschließend mussten sie in Graf Schlotterbackes oder Frau Bienchens Schlafzimmer schweben und die beiden mit Krach, Gestank und dumpfen Tönen erschrecken. Anfangs wachten die Schlossbewohner auch zitternd und zähneklappernd auf – zumindest Frau Bienchen, denn der Graf lächelte meist selig, wenn es so richtig wild zuging. Aber nach einigen Tagen waren sie es gewöhnt und kaum noch zu wecken und zu erschrecken. Nun macht es Gespenstern keine Freude, wenn sie spuken und sich niemand mehr graust. Graf Schlotterbacke strahlte zwar glücklich über jeden noch so grässlichen Streich und lobte die Gespenster außerordentlich, auch wenn sie seinen Morgentee mit Apfelessig vertauscht hatten, oder – als er in der Badewanne saß – sein Badewasser gefrieren ließen, sodass er fast nicht mehr herausgekommen wäre. Aber so richtig zufrieden waren Schlabbi und seine Gespensterschüler nicht mehr. Eines Nachts – sie hatten Graf Schlotterbacke gerade auf die Größe einer Hauskatze verkleinert und er wunderte sich bloß, dass ihm seine Lesebrille nicht mehr passte – war es genug. „Schluss!" rief Schlabbi und breitete seine Arme mit dem Fetzengewand aus. Alle waren sofort still. „Wir brauchen mehr Menschenleute auf der Burg. Menschen, die sich noch richtig erschrecken lassen!" verkündete er. Die Gespenster schauten sich an und nickten nachdenklich. Graf Schlotterbacke fand als erster Worte: „Wenn ich wieder so groß bin, dass ich meine Hühnerbrühe löffeln kann, hätte ich auch eine Idee!" meinte er.

FRESCH für den Anfangsunterricht • 85

Kapitel 8 • Lesen 1

Kinkerlitz und Watteweich geben dir einen Rat:
Merke dir gut, wie die folgenden Wörter geschrieben werden!
Kreuze immer das passende Bild an:

F**uß**				
Schn**ee**				
Va ter				
T**i** ger				
Za**h**n				
Bü**ch** se				
M**ee**r				
vier				
Ha**h**n				
Stra **ß**e				

FRESCH für den Anfangsunterricht

Kapitel 8 • Lesen 2

Kinkerlitz und Watteweich haben ein Partnerlesespiel erfunden.
Spiele deinem Partner vor, was du liest – er muss es raten!

A

1. Laut hus ten
2. In die Luft pus ten
3. Auf den Tisch stei gen
4. An die Dec ke schau en
5. An den Haa ren zieh en
6. Ein Lied sum men
7. Mit dem Kopf nic ken
8. Die Au gen schlie ßen
9. Laut gäh nen
10. In den Ran zen schau en
11. Den Arm hoch he ben

B

1. In die Luft schrei ben
2. Auf den Stuhl stei gen
3. Ei nen Ton pfei fen
4. Aus dem Fens ter se hen
5. Am Ohr zie hen
6. Auf den Tisch klop fen
7. Mit den Hän den win ken
8. In den Arm zwic ken
9. Mit den Zäh nen klap pern
10. Ein Buch auf schla gen
11. Die Bac ke strei cheln

. . . .

Wie man diese Wörter schreibt, musst du dir merken!

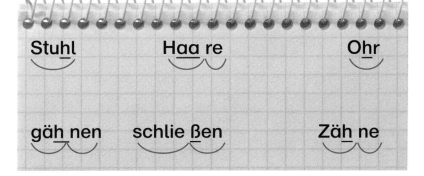

FRESCH für den Anfangsunterricht • 87

Kapitel 8 • Lesen 3

**Lies den Text, den sich die Gespenster ausgedacht haben.
Male beim Lesen die Silbenbogen darunter.**

Das Mons ter

Ein Mons ter ist ein sehr ko misch es We sen.

Es ist kein Mensch. Es ist auch kein Tier.

Mons ter le ben ver bor gen.

In ei nem Schrank, in ei ner Kis te, im Kel ler

o der auf dem Dach bo den.

Manch mal sind sie ro sa o der grün o der

auch li la o der gelb.

Mons ter ha ben spit ze Zäh ne und krum me

Fin ger. Man che ha ben lan ge Haa re. An de re

ha ben ei ne Glat ze. Al le Mons ter wol len gern

die Men schen er schrec ken. Sie brül len dann laut.

Sie krei schen auch. Sie stöh nen furcht bar.

Wenn du a ber laut lachst, ver schwin den sie schnell.

Diese Wörter sind **Merkwörter**. Kreise sie im Text ein:
se**h**r – **v**er bor gen – w**i**r – manch m**a**l – sin**d** – Zä**h** ne – H**aa** re – da**nn** – stö**h** nen – **v**er schwin den – we**nn**

FRESCH für den Anfangsunterricht • 88

Kapitel 8 • Lesen 4

Kinkerlitz und Watteweich spielen gern Verstecken. Du sicher auch. Dazu haben sie sich Auszählverse überlegt. Male beim Lesen die Silbenbögen darunter. Kreise dann die **Merkwörter** ein: We**nn** – K**ä** fer – rück w**ä**rts – Erd b**ee**r eis – Schn**ee** – fe**h**lt – B**ä** ren

Wenn die Kä fer rück wärts flie gen,

wenn die Kü he Schnup fen krie gen,

wenn das Erd beer eis nicht schmeckt,

wenn kein Kind mehr Bon bons schleckt,

wenn der Schnee im Som mer fällt

und die Maus auf ein mal bellt,

wenn kein Bäc ker mehr backt Ku chen,

dann, mein Kind, musst du uns su chen!

    Wo ist – fragt der Stof fel –

    mein zwei ter Pan tof fel?

    Es fehlt auch mein Schuh – und raus bist du!

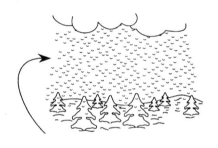

Zic ke, zac ke Bä ren dreck

nimm mir nicht den Lut scher weg,

Kau gum mi und Ku chen –

du darfst uns su chen!

FRESCH für den Anfangsunterricht • 89

Kapitel 8 • Schreiben 1

**Kinkerlitz hat die „h" aus den Wörtern geklaut. Setze sie wieder ein.
Bei diesen Merkwörtern klingen die Selbstlaute alle lang durch das „h"!**

der Za n	das Me l	der So n	der Stu l
der Ha n	die Hö le	die Bo ne	die Za l
die Ba n	die Fa rt	die U r	der Bo rer
wir fa ren	wir fe len	wir zä len	wir wo nen

**Finde die h-Wörter im Suchsel und schreibe sie auf.
Es sind auch andere als oben dabei!**

L	B	O	H	R	E	R	Z	A	H	N	J
S	T	F	A	H	R	K	A	R	T	E	L
S	T	U	H	L	X	R	A	K	A	H	N
K	F	O	H	L	E	N	Q	U	H	R	L
L	S	P	F	A	H	N	E	W	G	E	N
X	H	Ö	H	L	E	S	B	O	H	N	E
H	U	H	N	T	W	F	Ö	H	N	Y	Ä

B.............   F.............
H.............   Z.............
H.............   K.............
F.............   U.............
F.............   St.............
B.............   F.............

FRESCH für den Anfangsunterricht • 90

Kapitel 8 • Schreiben 2

Schreibe den Text von Kinkerlitz und Watteweich ab und male die Silbenbögen darunter. Achte auf die Merkwörter!

Bal la de von den Fi schen

Es schwim men vier Fi sche im gro ßen Meer,
zwei sind leicht und zwei sind schwer,
zwei sind dumm und zwei sind dick,
zwei sind doof und zwei sind schick,
zwei sind reich und zwei sind arm,
zwei sind kalt und zwei sind warm,
zwei sind rot und zwei sind blau,
zwei sind klug und zwei sind schlau,
zwei sind gern am Mee res grund,
zwei sind ziem lich ku gel rund,
zwei ver ir ren sich, o Graus,
da mit ist das Schwim men aus!

Tragt die Ballade als Sprechgesang in zwei Gruppen vor.

Wieviele Fische schwimmen im Meer? ………… Fische.

Merke dir die 5 **Merkwörter**:

(vier)   (groß)   (Meer)   (doof)

Kannst du weitere Reimpaare für die Ballade finden?

blank	fein	dumm	weit	rot	blass	scheu
schl__	kl__	st__	br__	t__	n__	tr__

FRESCH für den Anfangsunterricht • 91

Kapitel 8 • Schreiben 3

Wer angelt was?

Kinkerlitz   Watteweich   Klapperwilli   Wölkchen   Federgeist

| Fuß | Tee | Vater | Kilo | groß | Fee |

| Meer | vier | Zahl | Gruß | zehn 10 |

| Tiger | Vulkan | Spaß | Huhn | Schnee |

| Jahr | Biber | Vogel | | Igel |

Kinkerlitz   **Watteweich**   **Klapperwilli**
....
....
....
....

Wölkchen   **Federgeist**
....
....
....
....

FRESCH für den Anfangsunterricht

Kapitel 8 • Schreiben 4

Kinkerlitz und Watteweich geben hier den Kollegen und Kolleginnen ein paar Vorschläge für Diktate und Freies Schreiben für die Kinder:

Wortdiktate: Alle lautgetreuen Wörter können gut artikuliert diktiert werden. Bei schwierigen Wörtern: Ein Wort an die Tafel schreiben – die Kinder sollen dazu ein Reimwort aufschreiben, z.B.

Quel le   sit zen   Chor

K   schwit   T

Es wird schwieriger, wenn der Anfangsbuchstabe nicht gegeben wird:

Mut ter   lau fen   Klas se

(But ter)   (kau fen)   (Tas se)
(Fut ter)   (rau fen)   (Kas se) ...

Würfeldiktate:

Re gen   +   Bo gen   = Re gen bo gen
Mor gen   +   Son ne   = Mor gen son ne
Kin der   +   Buch   = Kin der buch
Win ter   +   Stie fel = Win ter stie fel
Af fen   +   Schu le   = Af fen schu le
Suppen   +   Teller   = Sup pen tel ler

Es eignen sich auch **Listen** oder **Sammlungen** lautgetreuer Wörter als Diktat. Die Kinder können sie im Freien Schreiben ergänzen, z.B:

- **Was wir mö gen:** Eis es sen – Li mo trin ken – Seil hop sen – Ge schich ten hör en – Tie re strei cheln ...
- **Was man kaufen kann:** ei nen Son nen hut – ei ne Le der ho se – ein Kin der buch – ei nen Kau gum mi – ein en Mal kas ten
- **Was es im Som mer (Herbst ...) gibt:** Eis – Son ne – Ba den – Hit ze – Ur laub

Kapitel 8 • Spiel- und Rätselspaß 1

... ist diesmal ein kleiner Lese-Schreibtest:

Silben finden

Ber	Bar	Bur	Bor	Bier	Ber	Bär
Lö	La	Lo	Lai	Lö	Lei	Lü

	Sam	Pam	Lum	Lan	Lam
	ser	fe	se	mer	re

Wa gen				
Te le fon				

Schwinge die Wörter, die deine Lehrerin dir vorliest:

Zir kus pfer de – Scho ko la den eis – Grund schu le – Maus ...

Lies die Wörter und male die Schwungbögen darunter:

Mar me li no li no li no   So li bas ta bas ta bas ta

Pa gan ti na ti na ti na   Ge li wen do wen do wen do

Lies den Text und male, was da steht:

Ma le ein Haus mit 4 Fens tern und ei ner brau nen Tür,
ei nen Gar ten mit zwei Son nen blu men und ei nem
Ap fel baum. Da run ter spielt ein Kind mit ei nem Ball.

Kapitel 8 • Spiel- und Rätselspaß 1

Schreibe, was du auf den Bildern siehst:

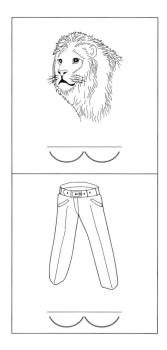

Schreibe die Wörter ab: Mar me la de – Hun de lei ne – Ge mü se

....

....

....

Kapitel 8 • Schreib- und Rätselspaß 2

Das Schluss-Abc

Das A isst gern 'nen Ap fel – das B lie ber Brei,
das C mag Cre me spei sen – am lieb sten gleich drei.

Das D sam melt Do sen – das E trinkt gern Tee,
das F tobt am lieb sten mit Schlit ten im Schnee.

Das G liegt im Gar ten – das H baut ein Haus,
Das I ruft i gitt und rennt fort vor der Maus.

Das J kauft sich Jo gurt – das K kauft Kaf fee,
Das L liebt die Luft und liegt ger ne im Klee.

Das M sam melt Müc ken – das N mag das nicht,
das O, auf dem Rüc ken, schreibt ein klein es Ge dicht.

Das P mag Pan tof feln – das Qu lieb er Quark,
Das R geht spa zier en, am liebs ten im Park.

Das S kocht Spa get ti – das T kocht sich Tee,
das U liegt am U fer vom Starn ber ger See.

Das V ist ver steckt und lebt ger ne ver bor gen,
Das W ist ein Wild fang und macht sich nie Sor gen.

Das X bleibt zum Schluss mit dem Yp si lon stehn,
das Z winkt ihm zu: Auf Wie der sehn!

FRESCH für den Anfangsunterricht • 96

Fortsetzungsgeschichte Teil 9

Neue Zeiten auf der Quaddelburg

Rasch verwandelten die Gespenster Graf Schlotterbacke wieder in seine gewohnte Größe. Er schüttelte und räusperte sich ein wenig und begann dann mit seiner tiefen Stimme zu sprechen: „Ich habe mir schon lange Gedanken über die Quaddelburg gemacht. Wenn ich mal nicht mehr bin, was wird dann mit der Burg und mit euch?" Dabei machte er eine Geste zu den Gespenstern. „Ich will, dass sie mit euch erhalten bleibt", fuhr er fort. „Deshalb habe ich beschlossen, die Quaddelburg zu einer Internatsschule umzubauen. In so einer Schule können viele Kinder nicht nur lernen, sondern auch wohnen und schlafen. Und wenn sie dann auch mehr Mut bekommen im Zusammenleben mit euch Schreckgespenstern ...", dabei zwinkerte Graf Schlotterbacke in die Runde, „dann ist das kein Schade!" Kaum hatte der Graf zu Ende gesprochen, klatschten und jubelten die Gespenster und schlugen Saltos vor Begeisterung. Acht Wochen später, genau nach den Sommerferien, war die Quaddelburg umgebaut. In den immer noch finsteren Gängen waren jetzt Klassenzimmer und im oberen Stockwerk die spärlich beleuchteten Schlafräume. Dunkle Ecken und schwarze Ritterrüstungen, Spinnen und Mäuse gehörten immer noch zur Einrichtung. Sie waren ein wichtiger Programmteil, um die Schüler und Schülerinnen furchtloser zu machen. Graf Schlotterbacke nannte sich jetzt Direktor Schlotterbacke und begrüßte zusammen mit Frau Bienchen bei strahlendem Sonnenschein die angereisten Schüler und Lehrer. Die Gespenster konnten nicht schlafen vor Aufregung und beobachteten unsichtbar vom Ostturm aus die Kinderschar. „Seht ihr den stoppelhaarigen Typen in der zweiten Reihe, der so cool aussieht und gerade das Mädchen neben ihm getreten hat?" fragte Klapperwilli. „Den werde ich mir vornehmen und durch alle Falltüren bis in den Keller plumpsen lassen!" wetterte er. Die Gespenster nickten heftig und glucksten vor Lachen. „Und der Kleine ganz hinten, der jetzt schon ganz blass und geduckt da steht, den übernehme ich", sagte Watteweich sanft. „Mit dem fangen wir langsam an. Vielleicht setze ich ihm erst mal ein zahmes Mäuschen aufs Kopfkissen." So begannen aufregende, turbulente und lustige Schultage und Nächte auf der Quaddelburg. Direktor Schlotterbacke hatte den Zauberunterricht übernommen. Und manchmal gelang ihm sogar, aus dem Tafelschwamm eine Kanne Kakao zu zaubern. Dann waren alle Kinder begeistert. Am meisten aber der Direktor selber.

Lösungen

Kapitel 1 • Lesen1: Zwei sind gleich: S – o – ku – auf – dann – sau

Kapitel 1 • Lesen 2: Ge – So – Be – Ha – Tu – Re – Feu – Do – Fe – No – En – Maus – Kö – Ho – Vo – Kä – Sa – Ap – Lei – I – Lö – Ku – Na

Kapitel 1 • Lesen 3: Blu – Ker – Lam – Spie – Wol – Man – Kir – Bir – Pfei – Gar – Tor – Spa – Dra – Tul – Zun – Bürs – Gur – Zir – Kis – Pin – Bro – Wür – Fens – Rin

Kapitel 1 • Schreiben 1: Bogen – Gabel – Meter – Lieder – Nudel – Fieber – Ofen – Nagel – Salbe – Berge – Linse – Torte – Gurke – Pilze – Tulpe

Kapitel 1 • Schreiben 2: Wagen – Bogen – Ziegel – Hase – Tafel – Hupe – Tube – Rabe – Regen – Segel – Woge – Buben

Kapitel 1 • Schreiben 3: Wagen – Bogen – Ziegel – Hose – Tafel – Hupe – Feder – Woge – Tube – Rabe – Wiese – Regen – Dose – Segel – Buben – Muschel

Kapitel 1 • Spiel- und Rätselspaß 2: Kinder – Domino – Rabe – Hose – Nudel – Lupe – Regen – Fenster – Tube; von unten nach oben: Telefon

Kapitel 2 • Lesen 2: Puder/Ruder – Feder/Leder – Pudel/Nudel – Nebel/Hebel – Wunde/Runde – Kinder/Rinder – Kabel/Fabel – Faden/Laden – Lichter/Dichter – Ringe/Dinge – Wiege/Ziege

Kapitel 2 • Schreiben 1: Wagen – Hafen – Tage – Bad – Tafel – Gabel – Palme – Maske – Lampe – Farbe – Nase – Bande – Kabel – Dame – Paste – Falte – Zange – Walze – Made – Kasten – Graben – Ananas – Banane – Ameise

Kapitel 2 • Schreiben 2: Magen – Bogen – Ziege – Laden – Regen – Hupe – Tafel – Segel – Rabe – Wiege – Rose – Taube; an einigen Stellen sind auch andere Kombinationen möglich, z.B. Maden, Boden ...

Kapitel 2 • Schreiben 3: Wiese – Leder – Wiege – Wogen – Puder – Hose – Hebel – Nabel – Reste – Fabel – Hupe – Rinder – Wesen – Taube – Ringe – Hügel – Hunde – Laden – Leine – Berge

Kapitel 2 • Schreiben 4: Bogen – Bügel – Tafel – Leder – Hose – Raben – Wogen – Tube – Rose – Ziege – Hase – Nagel – Magen – Taube; eine andere Reihenfolge der Lösungen ist möglich, z.B. Rose, Nase und Hase.

Kapitel 2 • Spiel- und Rätselspaß 1: loben – suchen – weiden – laufen – sagen – gehen – winken – holen – träumen – scheinen – hupen – schmieren – sausen – waschen – braten – grunzen

Kapitel 2 • Spiel- und Rätselspaß 2: Birne – Taxi – Flöte – Hose – Zange – Tulpe – Esel – Raupe – Gabel – lila – Sofa – Spinat – Jogurt – Pinsel – Garten – Regen – Amsel – China

Kapitel 3 • Lesen 1: Andi/Adler – Bodo/Boxer – Cindy/China – Doro/Drachen – Ela/Elefanten – Felix/Fische – Gabi/Geister – Hanna/Hasen – Ingo/Igel – Jelena/Jogurt – Kim/Kekse – Lisa/Limonade – Malte/Marmelade –Nina/Nüsse – Olaf/Omi – Paul/ Pferde – Quirin/Quallen – Robin/Rosen – Selma/Salate – Toni/Tiere – Uwe/Ufos – Viktor/Vulkane – Wanda/Wald – Xaver/Xeni – Yasmin/Yoga – Zora/Zebras

Kapitel 3 • Lesen 2: Tiere: Adler – Regenwurm – Hund – Frosch – Puma – Elster – Henne – Warzenschwein – Schwalbe – Falke – Karpfen– Eule – Pudel – Dromedar – Nashorn – Maulwurf – Eisbär – Kröte – Muli – Eichhörnchen – Wal – Pony = 22; Pflanzen: Salat – Rübe – Kartoffel – Pusteblume – Eiche – Petersilie – Gras – Tulpe – Weizen – Kraut – Kastanie – Fichte – Salbei – Kirsche – Hafer – Buche – Gänseblümchen – Aster = 18; Namen: Henrike – Gabi – Elisa – Willi – Sofia – Paul – Selina – Martha – Leo – Pia – Lukas – Anton – Emil – Carlo – Kuno – Rico = 16; insgesamt 56

Kapitel 3 • Lesen 3: SEITE/LEITER/ZEIT/**W**EIN/**R**EISE/PFEI**L**/SCHNEIDER/**T**EIL/**M**EISTER/S**E**IL/TEICH/WE**I**ZEN/**S**TEIN/REI**T**ER/KLEIDER/SEIDE/WEIDE/REIH**E**/SCHEIBE/GEISTE**R**/KLEISTER, Zauberwort: WELTMEISTER.

Kapitel 3 • Lesen 4: Passt nicht: hier – vier – Ziege – Fliege – Kirsche – Maus – Knopf – Topf

Kapitel 3 • Schreiben 1: 1e – 2f – 3a – 4g – 5b – 6c – 7d – 8j – 9h – 10k – 11l – 12i

Kapitel 3 • Schreiben 2: Wange – Ziege – Laube/Lauge – Farbe – Wiege – Aufgabe – Woge – Liege/Liebe – Scherbe – Stange – Narbe – Tube – Probe – Liebe/Liege – Schraube – Siebe/Siege – Lunge – Buchstabe – Silbe – Grube – Schwinge – Glaube

Kapitel 3 • Schreiben 3: Tomaten – Gurkensalat – Radieschen – Gemüse – Nudeltopf – Apfelmus – Schinkenbrote – Mandelkuchen – Melone – Eistorte – Birnenauflauf – Schokolade

Kapitel 3 • Schreiben 4: au-Wörter: Bauer – Haus – Daumen – Pfau – Zauber – Schaukel – Taufe – Maus /

FRESCH für den Anfangsunterricht • 98

eu-Wörter: Leute – Heulsuse – Freunde – Teufel – Zeug – Scheune – Freude – Keule / eu und au: Haus – Teufel – Pauke – teuer – Bauer – Zauberer – Beule – neun – Daumen – Freunde – Laube – heute – Taucher – Freude – Traube – Keule – neu

Kapitel 4 • Lesen 1: a2 – b3 – c1 – d5 – e4 – f7 – g6 – h9 – i10 – j8 – k13 – l11 – m12

Kapitel 4 • Lesen 3: Butter/Futter – Welle/Kelle – Himmel/Schimmel – Tasse/Klasse – Wolle/Knolle – Matte/Ratte – Schnalle/Falle – Wette/Kette – Mappe/Kappe – Retter/Wetter – Suppe/Puppe – Kanne/Wanne – Tonne/Sonne – Kissen/Bissen – Schlüssel/Rüssel; Hammer reimt sich nicht.

Kapitel 4 • Schreiben 4: Blitze – Glatze – Fratze – Hitze – Klötze – Mütze – Pfütze – Ritze – Spatzen – Spitze – Stütze – Witze; Selbstklinger einsetzen: Spitze – Witze – Mütze – Blitze – Klötze – Pfütze – Spatzen – Hitze – Stütze – Ritze – Glatze – Fratze

Kapitel 5 • Lesen 1: Witze/Fitze – Pulli/Tulli – Kasse/Schasse – Ratte/Patte – Meller/Teller – Pfütze/Kütze – Schatten/Batten – Nuppe/Puppe – Knille/Brille – Ritter/Pitter – Jacke/Wacke – Wanne/Zanne – Puffer/Luffer – Spatzen/Natzen

Kapitel 5 • Lesen 2: Benni kauft eine Melone. – Franka füttert Hasen. – In der Luft fliegen Spatzen. / Tomate – Karotte – Spagetti – Gemüse – Lakritze – Butterbrot – Kartoffel – Schokolade – Nudelsuppe

Kapitel 5 • Schreiben 1: Schnitzel – Klötze – Blitze – Mütze – Backen – Deckel – Wecker – Dackel – Mücke

Kapitel 5 • Schreiben 2: Bagger – Wasser – Himmel – Pfanne – Puppe – Ebbe – Paddel – Koffer – Barren – Futter / Schnecke – Rücken – Dackel – lecken – backen – Katze – Hitze – Pfütze – Mütze

Kapitel 5 • Schreiben 3: Affen – Büffel – CDs – Datteln – Elfen – Fackeln – Gitter – Hütten – Inseln – Jacken – Knaller – Löffel – Mücken – Nüsse – Otter – Pantoffeln – Quallen – Rasseln – Schlüssel – Tunnel – Ufos – Vettern – Wolle – Zettel

Kapitel 5 • Schreiben 4: Li bel le – Re gen wet ter – Klet ter af fe – Som mer pul li – Was ser quel le – Sil ber ket te – Wol ken him mel – Se gel schif fe – Kel ler tü ren – Kof fer grif fe – Wat te ku gel – Kar tof fel – Son nen schirm – Schle ck er maul – Schul klas se – Zu ck er hut – Ei sen pfan ne – Milch kann ne

Kapitel 5 • Spiel- und Rätselspaß 2: Wet ter frosch – Eis waf fel – Gold ket te – Was ser glas – Fut ter napf – Bau klöt ze – Kel ler maus – Tür schlös ser – Schlaf müt ze – Müc ken stich

Kapitel 6 • Lesen 3: rot: proben – pressen – prüfen – prima / grün: grün – graben – greifen – grau / gelb: fressen – fragen – frisch – frech – froh / blau: braun – breit – bremsen – brechen / lila: krachen – krank – kräftig – kriechen – kratzen – kraulen

Kapitel 6 • Schreiben 1: Bluse – Kleid – Strumpf – Glocke – Flunder / Br: Brote – Brei – Brezel – Braten – Bruder / Kr: Krone – Kreis – Kragen – Kreide – Krümel – Krater / Fr: Freude – Freitag – Frosch – Frau – Freunde – Fratze

Kapitel 6 • Schreiben 2: Platte – Glatze – Glocke – Blase – Krach – Blut – Glas – Flecken – Klang – Gruppe – Platz – Klinge – Blech – Schlaf – Graf – Preis – Kreis – Brücke / St: Stiefel – Stimme – Streifen – Stange – Störche / Sp: Spiegel – Spinne – Speise – Spatzen – Spange

Kapitel 6 • Schreiben 3: Gemeinsamkeit: „ie"

Kapitel 6 • Schreiben 4: Mitte – Sonne – Himmel – Koffer – Wasser – Buckel – Stimme – Wecker – Zacken – Wickel – Locke – Tatze – Schlummer – Schiffe – Schnuller – Strecke

Kapitel 7 • Lesen 2: Säcke – täglich – Säfte – mögen – Höfe – Töne – Mücken – lächeln / nähen – Öfen – Töpfe – Äpfel – Wände – dürfen – müssen / Schätze – höflich – Mütze – Lümmel – Kübel – Kürbis – Rätsel – Männer / Bäcker – Zöpfe – möchte – Schäfer – Lüge – Bügel – schön – Räder – Zügel / müde – können – über – Tür – schälen – König – Tümpel – Länder – Löffel / ä = 15, ö = 12, ü = 14 Wörter.

Kapitel 7 • Lesen 3: mit – hat – dunkel – unter – Lehrer – zwischen – lesen – mir – hat – gern – kann – Bücher – Wasser – Zähne – Durst

Kapitel 7 • Schreiben 1: Blätter – Wärme – Kälte – Säfte – Stämme – Wälder – Gräben – Schwäne – Nägel – Bäcker – Tänzer – Lämmer – Länder – Bärte – Kränze – Wände – Schränke – Gräser – Hände – Äpfel – Lämpchen – Schäfer; Antwort: Die Strichelchen verschwinden in der Einzahl.

Kapitel 7 • Schreiben 2: Räuber – Zäune – Träume – Läufer – Bäume – Häuser – Käufer – Kräuter – Mäuse – Schäufelchen – Schräubchen – Kläuschen

Kapitel 7 • Schreiben 3: Sät ze stim men – Un fäl le schlim mer – Lam pen hel ler – schnel ler – Kin der ren nen – Kin der wip pen – Kin der schaf fen es – Kin der sum men

Kapitel 7 • Schreiben 4: Nüs se – sit zen – schwim men – Schät ze – Schlös ser – schwe ben

Kapitel 7 • Spiel- und Rätselspaß 1: Hand – Arm – Bein – Mund – Gesicht – Ohr – Auge – Zeh – Rücken – Knochen – Zunge – Bauch – Knie

Kapitel 7 • Spiel- und Rätselspaß 2: Sabine – Maximilian – Carlotta – Emil / Saft – Kakao – Milch – Sprudel – Limonade / Ball – Puppe – Baukasten – Kran / Blume – Busch – Gras – Hecke – Schnittlauch / Taxi – Lastwagen – Omnibus – Motorrad

Kapitel 8 • Schreiben 1: Suchsel: Bohrer – Fohlen – Huhn – Zahn – Höhle – Kahn – Fahrkarte – Uhr – Fahne – Stuhl – Bohne – Föhn

Kapitel 8 • Schreiben 2: Lösung: Es kann 4 richtig sein oder 22! Reime: schlank – klein – stumm – breit – tot – nass – treu

Kapitel 8 • Schreiben 3: Kinkerlitz: Fuß – groß – Gruß – Spaß / Watteweich: Vater – vier – Vulkan – Vogel / Klapperwilli: Tee – Fee – Meer – Schnee / Wölkchen: Zahl – zehn – Huhn – Jahr / Federgeist: Kilo – Tiger – Biber – Igel

Kapitel 8 • Schreiben 4: Dies sind Diktatvorschläge. Auch hier eignet sich wieder das Spiel mit den zusammengesetzten Namenwörtern.

Kapitel 8 Spiel- und Rätselspaß 1: Statt der gewohnten Spiele und Rätsel, schlagen wir hier einen kleinen informellen Test vor.

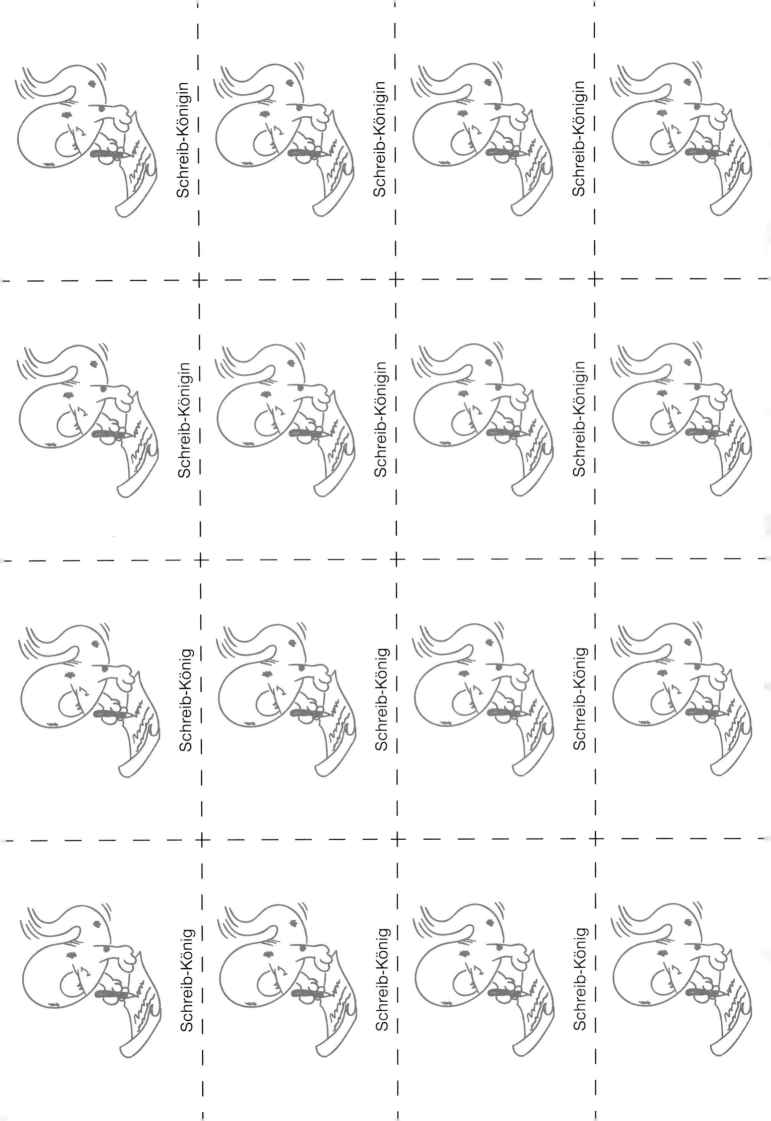

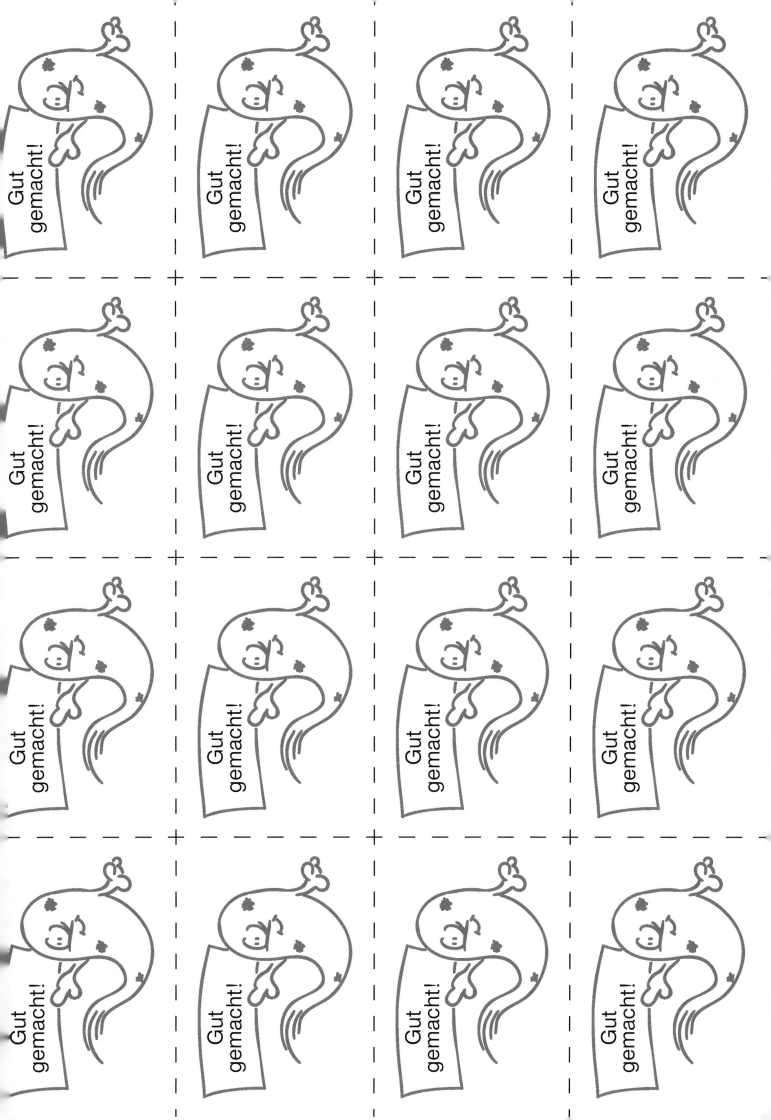

Urkunde

Name: ....

wird in die Gruselschule Quaddelburg aufgenommen, weil er/sie schon ganz toll

Schwingen ☐

Weiterschwingen ☐

Ableiten ☐ und sich .... Wörter merken

kann.

Datum: .... Unterschrift ....